insel taschenbuch 5103

Oscar Wilde

»Ich kann allem widerstehen außer der Versuchung«

Bis heute, 125 Jahre nach seinem Tod, gehört Oscar Wilde zu den beliebtesten und meistzitierten Autoren – nicht zuletzt wegen seiner Spitzzüngigkeit und des Scharfsinns seiner Beobachtungen. Ob sich seine Polemik gegen überflüssige Zeitungen oder schlechte Literatur richtet, gegen geistlose Frauen oder langweilige Männer, gegen scheinheilige Moralvorstellungen oder die Ignoranz der Unkultivierten – immer ist sie treffsicher, brillant formuliert und äußerst unterhaltsam.

Mehr als pure Gehässigkeit, ist sie Ausdruck des künstlerischen Selbstverständnisses Wildes, seine Extravaganz gegen die Meinung der anderen zu leben und seine Kunst, die elegante Schönheit und kritischen Geist verbindet, über die gesellschaftlichen Konventionen stellen zu dürfen.

Oscar Wilde wurde am 16. Oktober 1854 in Dublin geboren. Seine Märchen, Theaterstücke und Romane erregten außerordentliches literarisches und gesellschaftliches Aufsehen und machten ihn schon zu Lebzeiten zu einem der berühmtesten Autoren. Nach dem Skandal um sein Verhältnis mit Lord Alfred Douglas und einer Haftstrafe floh er nach Paris, wo er am 30. November 1900 verstarb.

Denis Scheck, geboren 1964 in Stuttgart, ist ein deutscher Literaturkritiker, Übersetzer und Journalist. Bekannt ist er u. a. aus der ARD-Literatursendung »Druckfrisch« und aus dem SWR-Literaturmagazin »lesenswert«.

Christina Schenk, geboren 1980 in Bonn, war Buchhändlerin in Papenburg, studierte Verlagswirtschaft in Leipzig und arbeitet heute als Redakteurin für Kultursendungen im Radio und Fernsehen.

Oscar Wilde
»Ich kann allem widerstehen außer der Versuchung«

Ausgewählt und mit einem Nachwort
versehen von Denis Scheck und Christina Schenk

Insel Verlag

Diese Textauswahl ist erstmals 2007 unter dem Titel
Oscar Wilde für Boshafte (it 3309) erschienen.

Erste Auflage 2025
insel taschenbuch 5103

Quellenverzeichnis am Schluss des Bandes
Umschlagillustration: Nicolas Mahler, Wien
Satz: Satz-Offizin Hümmer GmbH, Waldbüttelbrunn
Druck: CPI books GmbH, Leck
Printed in Germany
ISBN 978-3-458-68403-9

Insel Verlag Anton Kippenberg GmbH & Co. KG
Torstraße 44, 10119 Berlin
info@insel-verlag.de
www.insel-verlag.de

Inhalt

Der Gute, die Schönen, das Häßliche: Gesellschaft und Politik

Bosheit ist ein Mythos, den gute Menschen erfunden haben, um die seltsame Anziehungskraft der anderen zu erklären. [Essays II, 253]

Es ist besser, nicht anders zu sein als seine Mitmenschen. Der Häßliche und der Dumme kommen auf dieser Welt am besten weg. Sie können gemütlich dasitzen und das Spiel begaffen. [Dorian Gray, 13]

Im Abendanzug mit weißer Halsbinde kann jeder, so haben Sie mir einmal gesagt, selbst ein Makler, in den Ruf kommen, kultiviert zu sein. [Dorian Gray, 16]

Vernunft und Feigheit sind in Wirklichkeit dasselbe, Basil. Vernunft ist der Geschäftsname der Firma. Weiter nichts. [Dorian Gray, 17]

Mir sind Menschen lieber als Prinzipien, und Menschen ohne Prinzipien sind mir lieber als sonst etwas auf der Welt. [Dorian Gray, 20]

Nur geistig Verirrte streiten. [Dorian Gray, 22]

Jeder Einfluß ist unmoralisch – unmoralisch vom wissenschaftlichen Standpunkt aus. [Dorian Gray, 27]

Das Ziel des Lebens ist Selbstentfaltung. Seine eigene Natur vollständig zu verwirklichen – das ist es, wozu jeder von uns da ist. Heutzutage haben die Leute Angst vor sich selbst. [Dorian Gray, 28]

Der Mut hat unser Geschlecht verlassen. Vielleicht haben wir ihn niemals wirklich besessen. Der Schrecken der Gesellschaft, der das Fundament der Moral ist, der Schrecken vor Gott, der das Geheimnis der Religion ist – das sind die beiden Dinge, die uns beherrschen.

[Dorian Gray, 28]

Der Körper sündigt gelegentlich, und damit ist die Sünde für ihn erledigt, denn Handeln ist eine Art Läuterung.

[Dorian Gray, 28-29]

»Vermutlich hat er Ihnen Komplimente gemacht. Sie dürfen kein Wort davon glauben, was er sagt.« »Er hat mir bestimmt keine Komplimente gemacht. Vielleicht ist das der Grund, warum ich nichts von dem glaube, was er mir erzählt hat.« [Dorian Gray, 30]

Schönheit ist eine Form des Genies – sie steht in der Tat noch höher als das Genie, da sie keiner Erklärung bedarf.

[Dorian Gray, 32]

Manchmal sagen die Leute, Schönheit sei nur oberflächlich. Mag sein. Aber zumindest ist sie nicht so oberflächlich wie das Denken. [Dorian Gray, 32]

Nur Dumme urteilen nicht nach dem, was sie sehen.

[Dorian Gray, 32]

Aber der Tapferste unter uns hat Angst vor sich selbst.

[Dorian Gray, 28]

Vergeuden Sie nicht das Gold Ihrer Tage, indem Sie den Langweiligen zuhören, die hoffnungslosen Versager zu bessern suchen oder Ihr Leben an die Dummköpfe, die Gewöhnlichen und den Pöbel wegwerfen. Das sind die ungesunden Ziele, die falschen Vorstellungen unserer Zeit.

[Dorian Gray, 33]

Ich frage mich, wer den Menschen als ein vernünftiges Tier definierte. Das war die voreiligste Definition, die es je gegeben hat. [Dorian Gray, 39]

Was die Politik betraf, war er ein Tory, außer wenn die Tories an der Regierung waren, denn zu dieser Zeit schimpfte er sie rundheraus eine Bande von Radikalen.

[Dorian Gray, 42]

Seine Grundsätze waren veraltet, aber zugunsten seiner Vorurteile ließ sich vieles sagen. [Dorian Gray, 42-43]

Prüfungen, mein lieber Mann, sind von Anfang bis Ende der reinste Humbug. Wenn jemand ein Gentleman ist, weiß er durchaus genug; ist er kein Gentleman, dann nützt ihm auch sein ganzes Wissen nichts. [Dorian Gray, 43]

Es lag etwas unheimlich Reizvolles darin, Einfluß auszuüben. Keine andere Tätigkeit kam dem gleich.

[Dorian Gray, 47]

»Wie gräßlich!« rief Lord Henry. »Rohe Gewalt kann ich noch ertragen, aber rohe Vernunft ist ganz und gar unerträglich. Es liegt etwas Unanständiges in ihrer Anwendung. Sie steht unter dem Geist.« [Dorian Gray, 50]

»Ich kann mit allem Mitleid haben, außer mit Leiden«, erwiderte Lord Henry achselzuckend. »Dafür habe ich kein Mitleid. Es ist zu häßlich, zu abscheulich und zu peinlich.« [Dorian Gray, 51]

Man sollte die Farbe, die Schönheit, die Lebensfreude mitempfinden. Je weniger über die Betrübnisse des Lebens geredet wird, um so besser ist es. [Dorian Gray, 51]

Es ist das Problem der Sklaverei, und wir versuchen es zu lösen, indem wir die Sklaven belustigen.

[Dorian Gray, 51]

Heutzutage sterben die meisten Leute an einer Art schleichendem gesunden Menschenverstand und entdecken erst, wenn es zu spät ist, daß die eigenen Fehler das einzige sind, was man niemals bereut. [Dorian Gray, 52-53]

Er kam prinzipiell zu spät, da sein Grundsatz lautete, Pünktlichkeit stehle einem die Zeit. [Dorian Gray, 56]

Die Leute lieben es, fortzugeben, was sie selbst am nötigsten brauchen. Ich nenne das den Abgrund der Freigebigkeit. [Dorian Gray, 68]

Ich beachte niemals, was gewöhnliche Leute sagen, und mische mich nie in das ein, was reizende Leute tun. [Dorian Gray, 86]

Die moderne Moral besteht darin, daß man den Maßstab seiner Zeit akzeptiert. Ich bin der Meinung, daß jeder kultivierte Mensch es für eine Art gröbster Unmoral halten muß, den Maßstab seiner Zeit zu akzeptieren. [Dorian Gray, 91]

Mittelalterliche Kunst ist bezaubernd, aber mittelalterliche Gefühle sind unmodern. [Dorian Gray, 91]

Kein kultivierter Mensch bereut jemals einen Genuß, und kein unkultivierter Mensch weiß, was Genuß ist. [Dorian Gray, 91]

Eine Zigarette ist das vollendete Beispiel eines vollendeten Genusses. Sie ist köstlich und läßt einen unbefriedigt. [Dorian Gray, 92]

Nur zwei Arten von Menschen sind wirklich faszinierend – Leute, die einfach alles wissen, und Leute, die überhaupt nichts wissen. [Dorian Gray, 97]

Gute Vorsätze sind nutzlose Versuche, in wissenschaftliche Gesetze einzugreifen. Ihr Ursprung ist pure Eitelkeit.

Ihr Resultat ist entschieden gleich Null. Hin und wieder verschaffen sie uns jene überschwenglichen, unfruchtbaren Gemütserregungen, die für die Schwachen einen gewissen Reiz besitzen. Das ist alles, was man zu ihren Gunsten vorbringen kann. Sie sind Schecks, auf eine Bank gezogen, bei der man kein Konto hat. [Dorian Gray, 113]

Das Gewissen macht uns alle zu Egoisten.
[Dorian Gray, 116]

Ich will nicht meinen Gefühlen ausgeliefert sein. Ich will sie nutzen, genießen und beherrschen. [Dorian Gray, 122]

Die Gesellschaft, zumindest die zivilisierte Gesellschaft, findet sich niemals leicht bereit, etwas Nachteiliges von solchen zu glauben, die sowohl reich wie bezaubernd sind. Sie fühlt instinktiv, daß Manieren wichtiger sind als Moral, und nach ihrer Ansicht ist die höchste Ehrbarkeit viel weniger wertvoll als der Besitz eines guten Kochs.
[Dorian Gray, 158]

Nicht einmal die Kardinaltugenden können mit lauwarmen Vorspeisen versöhnen. [Dorian Gray, 158]

Die Gesetze der guten Gesellschaft sind die gleichen wie die Gesetze der Kunst, oder sie sollten es zumindest sein.
[Dorian Gray, 158]

Ist Täuschung etwas so Schreckliches? Ich glaube nicht. Sie ist nur eine Methode, durch die wir unsere Persönlichkeit vervielfältigen können. [Dorian Gray, 158]

Ich liebe Klatsch über andere Leute, aber Klatsch über mich interessiert mich nicht. Er besitzt nicht den Reiz der Neuheit. [Dorian Gray, 165]

Die Mittelklassen machen ihren moralischen Vorurteilen an ihren ungepflegten Mittagstischen Luft und flüstern über das, was sie die Ruchlosigkeit der Vornehmen nennen, um den Eindruck zu erwecken, als stünden sie in engem Verkehr und auf vertrautem Fuß mit den Leuten, die sie verlästern. [Dorian Gray, 167]

Niemand begeht jemals ein Verbrechen, ohne eine Dummheit zu begehen. [Dorian Gray, 186]

Vielleicht erscheint man niemals so ungezwungen, als wenn man eine Rolle zu spielen hat. [Dorian Gray, 191]

Das reine, unverfälschte Landleben. Sie stehen früh auf, weil sie so viel zu tun haben, und gehen früh zu Bett, weil sie so wenig zu denken haben. [Dorian Gray, 193]

Mäßigung ist eine fatale Sache. Genug ist so schlecht wie eine Mahlzeit. Mehr als genug ist so gut wie ein Festschmaus. [Dorian Gray, 197]

Das Leben war zu kurz, um die Last der Fehler, die andere begangen hatten, auf die eigenen Schultern zu nehmen. Jeder lebte sein eigenes Leben und bezahlte seinen eigenen Preis dafür. Der Jammer war nur, daß man für ein einziges Vergehen so oft bezahlen mußte.

[Dorian Gray, 207]

In der ordinären Tatsachenwelt wurde weder der Böse bestraft noch der Gute belohnt. Erfolg war dem Starken beschieden, mit Mißerfolg der Schwache geschlagen.

[Dorian Gray, 217]

Das einzig Schreckliche auf der Welt ist Langeweile, Dorian. Das ist die einzige Sünde, für die es keine Vergebung gibt. [Dorian Gray, 221]

Und was Omen betrifft: So etwas wie ein Omen gibt es nicht. Das Schicksal sendet uns keine Herolde. Dazu ist es zu weise oder zu grausam. [Dorian Gray, 221]

Auf dem Land kann jeder gut sein. Dort gibt es keine Versuchungen. Das ist der Grund, warum Leute, die nicht in der Stadt wohnen, so völlig unzivilisiert sind. Zivilisation ist keineswegs leicht zu erlangen. Es gibt nur zwei Wege, sie zu erwerben. Entweder man ist kultiviert, oder man ist verdorben. Landleute haben zu keinem von beiden die Gelegenheit, deshalb stagnieren sie. [Dorian Gray, 227]

Tod und Vulgarität sind im neunzehnten Jahrhundert die beiden einzigen Tatsachen, die nicht wegdemonstriert werden können. [Dorian Gray, 230]

Jedes Verbrechen ist vulgär, so wie Vulgarität ein Verbrechen ist. [Dorian Gray, 231]

Das Verbrechen ist ausschließlich Sache der niederen Klassen. Ich tadele sie deswegen nicht im geringsten. Ich möchte meinen, das Verbrechen ist für sie das, was für uns die Kunst ist, einfach eine Methode, außergewöhnliche Gemütsbewegungen hervorzurufen.

[Dorian Gray, 231]

Das einzige, was einem durch das Leben hilft, ist das Bewußtsein von der ungeheuren Inferiorität alles andern, und das ist ein Gefühl, das ich immer kultiviert habe.

[Märchen und Erzählungen, 48-49]

Ich habe keinerlei Sympathie für irgendwelche Tätigkeit [...] Ich bin immer der Meinung gewesen, daß zur Arbeit nur jene Leute ihre Zuflucht nehmen, die gar nichts zu tun haben. [Märchen und Erzählungen, 54]

Alles in allem ist er eigentlich gar nicht so häßlich, vorausgesetzt natürlich, man macht die Augen zu und sieht ihn nicht an. [Märchen und Erzählungen, 85]

Das ist ja ein geradezu widernatürliches Wetter. Warum kümmert sich die Regierung nicht darum?

[Märchen und Erzählungen, 132]

Ich mache mir nichts aus analysierenden Betrachtungen. Wenn etwas soundso ist, dann ist es so, und gegenwärtig ist es gräßlich kalt. [Märchen und Erzählungen, 132]

Schicklich ist etwas Interessantes niemals.

[Märchen und Erzählungen, 154]

Bequemlichkeit ist das einzige, was uns unsere Zivilisation geben kann. [Märchen und Erzählungen, 155]

Oh, ich hasse die wohlfeile Strenge abstrakter Moral!

[Märchen und Erzählungen, 209]

Ach, heutzutage verkehren so viele selbstgefällige Leute in der Gesellschaft, die für gut gehalten werden wollen, daß es meiner Ansicht nach von einer recht angenehmen und bescheidenen Gesinnung zeugt, wenn man sich für schlecht halten läßt. [Theaterstücke I, 13]

Erscheint man gut, nimmt einen die Gesellschaft durchaus ernst. Erscheint man schlecht, ist das nicht der Fall. Das ist die verblüffende Dummheit des Optimismus.

[Theaterstücke I, 13]

Sie halten mich für einen Menschen, der hinter der Zeit zurück ist. – Gut, ich bin es! Es würde mir leid tun, stünde ich mit einer Zeit wie dieser auf gleicher Stufe.

[Theaterstücke I, 14]

Wissen Sie, ich fürchte, gute Menschen richten in dieser Welt erheblichen Schaden an. Der größte Schaden, den sie anrichten, ist zweifellos, daß sie Schlechtigkeit so außerordentlich wichtig nehmen. [Theaterstücke I, 15]

Es ist absurd, Menschen in gute und schlechte einzuteilen. Menschen sind entweder reizend oder langweilig.

[Theaterstücke I, 15]

Ich kann allem widerstehen, außer der Versuchung.

[Theaterstücke I, 16]

Verstanden zu werden bedeutet heutzutage, ertappt zu sein. [Theaterstücke I, 18]

Kein Mensch sieht so aus, wie er wirklich ist. Verdammt gute Sache, das. [Theaterstücke I, 31]

Warum fragen Sie mich nicht, wie es mir geht? Ich habe es gern, wenn mich die Leute fragen, wie es mir geht. Es zeugt von einem sehr ausgedehnten Interesse an meiner Gesundheit. Nun, heute abend fühle ich mich überhaupt nicht wohl. [Theaterstücke I, 32]

Ich bin der einzige Mensch auf der Welt, den ich gern gründlich kennenlernen würde, aber ich sehe gerade jetzt keine Möglichkeit dazu. [Theaterstücke I, 37]

Im heutigen Leben bedeutet Spielraum alles. [Theaterstücke I, 44]

Meine eigenen Angelegenheiten langweilen mich stets zu Tode. Die anderer Leute ziehe ich vor. [Theaterstücke I, 53]

Klatsch ist reizend! Die gesamte Geschichte ist nichts als Klatsch. [Theaterstücke I, 56]

In dieser Welt gibt es nur zwei Tragödien. Die eine ist, nicht zu bekommen, was man möchte, und die andere ist, es zu bekommen. Die letztere ist weit schlimmer. [Theaterstücke I, 58]

Wir sind alle in der Gosse, aber manche von uns blicken nach den Sternen. [Theaterstücke I, 57]

Erfahrung ist der Name, den jeder seinen Irrtümern gibt. [Theaterstücke I, 58]

Ich rede gern mit einer Ziegelmauer – sie ist das einzige auf der Welt, das mir nie widerspricht. [Theaterstücke I, 59]

Das Leben ist schrecklich. Es beherrscht uns, nicht wir beherrschen es. [Theaterstücke I, 61]

Oh, welch eine Lehre! Und welch ein Jammer, daß wir im Leben erst dann unsere Lehren erhalten, wenn sie uns nichts mehr nützen! [Theaterstücke I, 62]

Handlungen sind die erste Tragödie im Leben, Worte die zweite. [Theaterstücke I, 62]

Benehmen geht vor Moral! [Theaterstücke I, 65]

Nein – was einen heutzutage tröstet, ist nicht Reue, sondern Vergnügen. Reue ist völlig veraltet. [Theaterstücke I, 69]

Ich bedaure meine schlechten Taten, Sie bedauern Ihre guten – das ist der Unterschied zwischen uns. [Theaterstücke I, 70]

Ideale sind gefährlich. Realitäten sind besser.

[Theaterstücke I, 71]

Es ist dieselbe Welt für uns alle, und Gut und Böse, Sünde und Unschuld gehen durch sie Hand in Hand. Gegen das halbe Leben die Augen schließen, damit man sorglos leben kann, ist, als blende man sich selbst, um sicherer in einem Land der Schlünde und Abgründe zu wandern.

[Theaterstücke I, 74]

Der wachsende Einfluß der Frauen ist das einzig Beruhigende an unserm politischen Leben. [Theaterstücke I, 85]

Es ist einfach ungeheuerlich, wie die Leute heutzutage umhergehen und hinter jemandes Rücken Dinge sagen, die absolut und völlig wahr sind. [Theaterstücke I, 85]

Parteinahme ist der Anfang der Aufrichtigkeit, und gleich danach folgt der Eifer, und der Mensch wird ein langweiliger Schwätzer. [Theaterstücke I, 87]

Man kann heutzutage alles überleben, außer dem Tod, und alles zuschanden machen, außer einem guten Ruf.

[Theaterstücke I, 95]

Ich schwärme für simple Vergnügen. Sie sind die letzte Zuflucht der Komplizierten. [Theaterstücke I, 95]

Intellektuelle Verallgemeinerungen sind stets interessant, aber moralische Verallgemeinerungen bedeuten absolut nichts. [Theaterstücke I, 114]

Pflicht ist das, was man von anderen erwartet, nicht, was man selbst tut. [Theaterstücke I, 114]

Heutzutage sind die Leute so vollendet oberflächlich, daß sie die Philosophie des Oberflächlichen nicht begreifen. [Theaterstücke I, 119-120]

Eine gut gebundene Krawatte ist der erste ernsthafte Schritt ins Leben. [Theaterstücke I, 120]

Um heutzutage in die beste Gesellschaft zu gelangen, muß man entweder die Leute traktieren, amüsieren oder schockieren – weiter nichts! [Theaterstücke I, 120]

Gut erzogen zu sein ist heutzutage ein großer Nachteil. Es schließt einen von so vielem aus. [Theaterstücke I, 123]

Ich überrasche mich immer selbst. Das ist das einzige, was das Leben lebenswert macht. [Theaterstücke I, 125]

Das Geheimnis des Lebens ist, nie eine Gemütsbewegung zu haben, die unkleidsam ist. [Theaterstücke I, 126]

Es gibt kein Geheimnis des Lebens. Das Lebensziel, wenn man eins hat, ist einfach, stets nach Versuchungen Ausschau zu halten. Es gibt nicht annähernd genug. Mitunter verbringe ich einen ganzen Tag, ohne auch nur auf eine einzige zu stoßen. Das ist ganz fürchterlich. Das macht einen so nervös wegen der Zukunft. [Theaterstücke I, 126]

Alles Denken ist unmoralisch. Sein eigentliches Wesen ist Zerstörung. Wenn Sie über etwas nachdenken, töten Sie es. Nichts überlebt das Nachdenken darüber.

[Theaterstücke I, 126]

Maß ist etwas Verhängnisvolles, Lady Hunstanton. Nichts ist so erfolgreich wie das Übermaß. [Theaterstücke I, 126]

Optimismus beginnt mit einem breiten Grinsen, und Pessimismus endet mit einer blauen Brille.

[Theaterstücke I, 161]

Fragen sind nie indiskret. Antworten bisweilen.

[Theaterstücke I, 162]

Im heutigen Leben ist nichts so wirkungsvoll wie eine bewährte Platitüde. Sie verbindet alle Welt.

[Theaterstücke I, 172]

Man sollte immer ehrlich spielen – wenn man die Trümpfe in der Hand hat. [Theaterstücke I, 175]

Einen guten Rat gebe ich immer weiter. Es ist das einzige, was man damit machen kann. Für einen selbst hat er nie irgendwelchen Nutzen. [Theaterstücke I, 178]

Es lohnt sich immer, eine Frage zu stellen, wenn es sich auch nicht immer lohnt, eine Frage zu beantworten.

[Theaterstücke I, 192-193]

Nichts ist so gefährlich, wie allzu modern zu sein. Es kann einem passieren, daß man ganz plötzlich altmodisch wird. [Theaterstücke I, 202]

Ich bin überzeugt, daß ich nicht die Hälfte der Leute kenne, die in mein Haus kommen. Und nach allem, was ich höre, möchte ich es auch gar nicht.

[Theaterstücke I, 203]

Moral ist einfach die Haltung, die wir gegen Leute einnehmen, von denen wir persönlich nicht erbaut sind.

[Theaterstücke I, 208]

Mode ist, was man selbst trägt. Unmodern ist das, was die anderen Leute tragen. [Theaterstücke I, 213]

Andere Leute sind einfach schrecklich. Die einzig mögliche Gesellschaft hat man an sich selbst.

[Theaterstücke I, 213]

Gäbe es weniger Mitgefühl auf der Welt, dann gäbe es auch weniger Kummer auf der Welt. [Theaterstücke I, 217]

Jeder, den man heutzutage trifft, ist ein Paradoxon. Das ist sehr verdrießlich. Es macht die Gesellschaft so durchsichtig. [Theaterstücke I, 217]

Das Unerwartete zu erwarten beweist einen durchaus modernen Intellekt. [Theaterstücke I, 218]

Selbstaufopferung ist etwas, das durch ein Gesetz abgeschafft werden sollte. Sie ist so demoralisierend für die Leute, für die man sich aufopfert. Sie geraten immer auf einen schlechten Weg. [Theaterstücke I, 229]

Wenn man einen Besuch macht, dann geschieht das, um andrer Leute Zeit zu vergeuden, nicht die eigene.
[Theaterstücke I, 235]

Meine Pflicht ist etwas, das ich grundsätzlich nicht tue. Es deprimiert mich immer so. [Theaterstücke I, 239]

Wahrhaftig, wenn uns die unteren Schichten kein gutes Beispiel geben, wozu in aller Welt sind sie dann nütze? Sie scheinen als Gesellschaftsklasse absolut kein Gefühl für moralische Verantwortung zu haben.
[Theaterstücke I, 258]

Wenn man in der Stadt ist, vertreibt man sich die Zeit. Ist man auf dem Land, vertreibt man andern Leuten die Zeit. Das ist im höchsten Grade langweilig.
[Theaterstücke I, 258]

Nichts verärgert die Leute mehr, als wenn sie keine Einladungen erhalten. [Theaterstücke I, 264]

Heutzutage ist es durchaus nicht leicht, etwas zu sein. Überall macht sich schmutzige Konkurrenz breit.
[Theaterstücke I, 265]

Zuviel Erfahrung ist etwas Gefährliches.

[Theaterstücke I, 226]

Krankheit, gleich welcher Art, ist schwerlich etwas, das man bei anderen ermutigen sollte. Gesundheit ist die erste Pflicht im Leben. [Theaterstücke I, 267-268]

Es ist fürchterlich schwere Arbeit, nichts zu tun. Doch ich habe nichts gegen schwere Arbeit, wenn sie keinerlei bestimmten Zweck hat ... [Theaterstücke I, 278]

Ich bin nicht eingenommen von dieser modernen Manie, schlechte Leute im Handumdrehn in gute umzuwandeln.

[Theaterstücke I, 282]

Ich hoffe, Sie haben kein Doppelleben geführt, indem Sie vorgaben, verdorben zu sein, und dabei die ganze Zeit tugendhaft waren. Das wäre Heuchelei.

[Theaterstücke I, 282]

In Dingen von schwerwiegender Bedeutung ist Stil das Wesentliche, nicht Aufrichtigkeit. [Theaterstücke I, 311]

Die beiden schwachen Punkte in unserm Zeitalter sind sein Mangel an Prinzip und sein Mangel an Profil.

[Theaterstücke I, 315]

Stil hängt weitgehend davon ab, auf welche Weise das Kinn getragen wird. [Theaterstücke I, 315]

Sprich niemals geringschätzig von der Gesellschaft, Algernon. Das tun nur Leute, die nicht hineingelangen können. [Theaterstücke I, 316]

Es ist eine schreckliche Sache für einen Mann, wenn er plötzlich entdeckt, daß er sein Leben lang nichts als die Wahrheit gesagt hat. [Theaterstücke I, 325]

Vielleicht ist das, was wir das Böse nennen, das Gute, und das, was wir das Gute nennen, ist das Böse. Man kann nichts sicher wissen. [Theaterstücke II, 27]

Man sollte weder Dinge noch Menschen anschauen. Man sollte nur in Spiegel schauen, denn die Spiegel zeigen uns nur Masken. [Theaterstücke II, 38]

Wer das Gesetz kennt, für den gibt es nichts Ungesetzliches, das er nicht tun kann, wenn er will, und deshalb werden Leute Advokaten. [Theaterstücke II, 48]

Kein Mensch kann leben, wenn er sich noch seines Nächsten Bürde auf die Schultern lädt. [Theaterstücke II, 49]

Einen guten Salat zuzubereiten ist viel schwerer als Rechenschaftsberichte zuzubereiten. Einen guten Salat bereiten heißt ein ausgezeichneter Diplomat sein – das Problem ist in beiden Fällen dasselbe. Genau zu wissen, wieviel Öl man zu seinem Essig geben muß.

[Theaterstücke II, 70]

Aber, glauben Sie mir, es ist unrecht von Ihnen, die Kochkunst schlechtzumachen. Die Kultur hängt von der Kochkunst ab. [Theaterstücke II, 70]

Gleichgültigkeit ist die Rache, die die Welt an der Mittelmäßigkeit nimmt. [Theaterstücke II, 72]

Das Leben ist etwas viel zu Wichtiges, um jemals ernsthaft darüber zu reden. [Theaterstücke II, 72]

Das Volk und seine Rechte fallen mir auf die Nerven. Beides ist mir zuwider. Pöbelhaft, ungebildet, gemein und verderbt zu sein scheint heutzutage einem Menschen eine erstaunliche Unermeßlichkeit an Rechten zu geben, von denen sich seine ehrbaren Väter niemals träumen ließen.

[Theaterstücke II, 73]

Wie verdrießlich sind doch Politik und älteste Söhne!

[Theaterstücke II, 84]

In den alten Zeiten haben die Menschen, solange sie lebten, ihre Rechte selber verwirklicht, aber heutzutage scheint jeder Säugling mit einem sozialen Manifest im Munde geboren zu werden, das viel umfangreicher ist als er selbst. [Theaterstücke II, 87]

›Wir verlangen das Recht auf Arbeit.‹ Ah, was das betrifft, werde ich auf meine Rechte verzichten.

[Theaterstücke II, 87]

Je mehr Hunger es beim Volk gibt, desto besser. Es lehrt das Volk Enthaltsamkeit, eine vortreffliche Tugend. [Theaterstücke II, 98]

Männer von Geist sollten nichts mit Taten zu schaffen haben. [Theaterstücke II, 99-100]

Man kann mitunter jahrelang dahinleben, ohne eigentlich zu leben, und dann drängt sich alles Leben in eine einzige Stunde. [Theaterstücke II, 101]

Wer so laut brüllt, ihr Herrn, ist ungefährlich, gefährlich sind nur jene, die da schweigen. [Theaterstücke II, 126]

So trinkt man Wein, denn ungesund ist Wasser. [Theaterstücke II, 127]

Das ist ja eine Niederträchtigkeit: Die Schurken sehen heutzutage so ehrbar aus, daß ehrbare Leute gezwungen sind, wie Schurken auszusehen, damit sie sich von ihnen unterscheiden. [Theaterstücke II, 167]

Die Übel anderer kann ich ertragen, das ist Philosophie. [Theaterstücke II, 176]

Doch jeder tötet, was er liebt. [Gedichte, 210]

Ich kann mir keinen größeren Heroismus vorstellen, als sich der Konvention im Bekleidungswesen zu widersetzen. [Essays I, 81]

Photographien sind lächerliche Vorspiegelungen, wir sollten sie in Portefeuilles aufbewahren und nur jenen Freunden zeigen, von denen wir keine üble Nachrede zu befürchten haben. [Essays I, 112]

Ihre Konversation gleicht einer Serienexplosion von Knallkörpern, ist von exquisiter Zusammenhanglosigkeit und wird in primitiver emotioneller Sprache geführt.

[Essays I, 155]

Die exakte Antwort, welche die Herzogin erhielt, ist hier nicht weiter von Bedeutung, da sie in der tristen Form einer nützlichen und akkuraten Auskunft erfolgte.

[Essays I, 158]

Die Natur genießen! Ich bin froh, daß ich das längst verlernt habe. [Essays II, 9]

Die Rede von der unendlichen Mannigfaltigkeit der Natur ist ein reiner Mythos. Sie ist in der Natur selbst gar nicht vorhanden. Sie entspringt der Einbildung, der Phantasie oder der anerzogenen Blindheit des Betrachters.

[Essays II, 9-10]

CYRIL: [...] Lüge! Man sollte meinen, unsere Politiker pflegen diese Gewohnheit.

VIVIAN: Wirklich Cyril, das ist keineswegs der Fall. Sie bringen es nie weiter als bis zur Verdrehung der Tatsachen, und sie lassen sich obendrein noch auf langwierige Beweisführungen, Diskussionen und Rechtsgründe ein. Wie verschieden ist dagegen die Gesinnung des echten Lügners, mit seinen freimütigen, furchtlosen Behauptungen, seiner stolzen Verantwortungslosigkeit, seiner gesunden, natürlichen Verachtung jeglicher Beweise. Worin besteht denn das Wesen der schönen Lüge? Einfach darin, daß sie den Beweis in sich trägt. Ist einer so arm an Phantasie und muß seine Lüge beweisen, sollte er lieber gleich die Wahrheit sprechen. Nein, die Politiker nützen uns nichts. [Essays II, 11]

Nur weil die Menschheit niemals wußte, wohin sie schritt, hat sie immer vermocht, ihren Weg zu finden. [Essays II, 92]

Tugenden! Wer weiß, was Tugenden sind, du nicht, ich nicht, niemand. [Essays II, 93]

Zweifellos meinen sie es gut, diese biederen, strahlenden Leute. Vielleicht ist das der Grund, warum sie so ausnehmend lästig sind. [Essays II, 117]

Nichts zu tun ist die Bestimmung der Erwählten. Handeln ist etwas Beschränktes und Relatives. [Essays II, 117]

Das sicherste Mittel, nichts über das Leben zu erfahren, ist der Versuch, sich nützlich zu machen. [Essays II, 122]

Wer auch immer versucht, ein Volk zu führen, ist gezwungen, dem Pöbel zu folgen. Nur die Stimme des Rufers in der Wüste bereitet den Göttern den Weg. [Essays II, 123]

Die Sicherheit der Gesellschaft beruht auf Gewohnheit und unbewußtem Instinkt, und ihr Fortbestand als ein gesunder Organismus gründet sich auf die Abwesenheit aller Intelligenz unter ihren Mitgliedern. Die überwiegende Mehrzahl von ihnen ist, im vollen Bewußtsein dieser Tatsache, mit jenem großartigen System, das sie zum Rang von Automaten erhebt, natürlich einverstanden und verwahrt sich blindwütig gegen die Einmischung des Intellekts in jede das Leben betreffende Frage. [Essays II, 125]

Der Mensch ist am wenigsten er selbst, wenn er in eigener Person spricht. Gib ihm eine Maske, und er wird die Wahrheit sagen. [Essays II, 127]

Nur über Dinge, die einen nicht interessieren, kann man wirklich unparteiisch urteilen; das ist auch der Grund, warum ein unparteiisches Urteil immer völlig wertlos ist.

[Essays II, 130]

Was die Leute Unaufrichtigkeit nennen, ist einfach eine Methode, unsere Persönlichkeit zu vervielfältigen.

[Essays II, 131]

Nur eines ist noch schlimmer als Ungerechtigkeit: Gerechtigkeit ohne das Schwert in der Hand. Recht ohne Macht ist ein Übel. [Essays II, 145]

Solange man den Krieg als etwas Böses ansieht, wird er seine Anziehungskraft behalten. Erst wenn man ihn als Niedertracht erkennt, wird er seine Popularität verlieren.

[Essays II, 145-146]

Wir werden von Fanatikern beherrscht, deren schlimmstes Laster ihre Offenheit ist. [Essays II, 146]

Gut zu sein ist nach allem, was der Pöbel darunter versteht, offenbar ganz einfach. Es erfordert lediglich einen gewissen Grad kleinlicher Angst, einen Mangel an Phantasie und ein gemeines Versessensein auf die Ehrbarkeit des Mittelstandes. [Essays II, 146-147]

Wo es sich um die Regierung von Völkern handelt, kann man über die Monarchie, die Anarchie und die Republik streiten; aber ein Theater sollte unter der Macht eines gebildeten Despoten stehen. [Essays II, 174]

Es gibt nicht wenige, die schrecklich bestürzt über ihre Hände zu sein scheinen, wenn sie keine Seitentaschen haben. [Essays II, 175]

Es ist stets von Vorteil, keine tadellos gesellschaftsfähige Erziehung genossen zu haben. [Essays II, 180]

Es ist stets töricht, Ratschläge zu geben, aber gute Ratschläge zu geben ist absolut verhängnisvoll. [Essays II, 182]

Der Hauptvorzug, den die Herrschaft der sozialistischen Gesellschaftsordnung mit sich brächte, liegt ohne Zweifel darin, daß der Sozialismus uns befreien würde von dem gemeinen Zwang, für andere zu leben, der in der gegenwärtigen Lage auf fast allen so schwer lastet. In der Tat gibt es kaum jemanden, der ihm zu entgehen vermag. [Essays II, 211]

Die meisten Menschen vergeuden ihr Leben durch einen ungesunden und übertriebenen Altruismus, ja, sind sogar genötigt, es zu vergeuden. Sie finden sich umgeben von scheußlicher Armut, von scheußlicher Häßlichkeit, von scheußlichem Hunger. Es ist unvermeidlich, daß ihr Gefühlsleben davon erschüttert wird. [Essays II, 211]

Es ist amoralisch, Privateigentum zur Milderung der schrecklichen Übelstände zu verwenden, die aus der Einrichtung des Privateigentums entspringen. Es ist nicht nur amoralisch, sondern auch unehrlich. [Essays II, 212]

Agitatoren sind Eindringlinge, die in eine vollkommen zufriedene Gesellschaftsschicht einbrechen und die Saat der Unzufriedenheit unter sie sähen. Das ist der Grund, weshalb Agitatoren so absolut notwendig sind.

[Essays II, 216]

Wirklich zu leben ist das Kostbarste auf der Welt. Die meisten Menschen existieren bloß, sonst nichts.

[Essays II, 219]

Der Ausdruck der vollkommenen Persönlichkeit ist nicht Empörung, sondern Ruhe. [Essays II, 220]

Alle Nachahmung in Dingen der Moral und im Leben ist von Übel. [Essays II, 224]

Es gibt so viele Möglichkeiten der Vollkommenheit, wie es unvollkommene Menschen gibt. [Essays II, 224]

Alle Arten des Regierens erweisen sich als Mißgriff. Der Despotismus ist ungerecht gegen alle, auch gegen den Despoten, der vielleicht zu etwas Besserem bestimmt war. Oligarchien sind ungerecht gegen die vielen, und Ochlokratien sind ungerecht gegen die wenigen. Einmal hat man große Hoffnungen in die Demokratie gesetzt; aber Demokratie ist nichts anderes als das Niederknüppeln des Volkes durch das Volk für das Volk. Das ist erwiesen.

[Essays II, 224-225]

Muße, nicht Arbeit ist das Ziel des Menschen.

[Essays II, 228]

In der Tat, es läßt sich zugunsten der physischen Kraft der Öffentlichkeit viel mehr vorbringen als zugunsten ihrer Meinung. Jene mag schön sein. Diese aber ist unweigerlich absurd. Man behauptet oft, Kraft sei kein Argument. Das hängt jedoch vollkommen davon ab, was man beweisen will. [Essays II, 235]

Die weltlichen Herren sagen nichts, die geistlichen Herren haben nichts zu sagen, und das Unterhaus hat nichts zu sagen und sagt trotzdem etwas. [Essays II, 236]

Die Autorität der Massen und das Anerkennen dieser Autorität ist verhängnisvoll. [Essays II, 241]

Die Autorität des Volkes ist etwas Blindes, Taubes, Häßliches, Groteskes, Tragisches, Amüsantes, Ernsthaftes und Obszönes. [Essays II, 244]

Egoismus besteht nicht darin, daß man sein Leben nach seinen Wünschen lebt, sondern darin, daß man von anderen verlangt, daß sie so leben, wie man es wünscht. Und Selbstlosigkeit heißt, andere in Frieden lassen und sich nicht in ihre Angelegenheiten mischen. [Essays II, 247]

Es ist keineswegs egoistisch, an sich zu denken. Wer nicht an sich denkt, denkt überhaupt nicht. [Essays II, 247]

Es ist äußerst egoistisch, von dem Mitmenschen zu verlangen, daß er in derselben Weise denken, dieselben Meinungen haben soll. Warum sollte er das? Wenn er denken kann, wird er wahrscheinlich verschieden denken. Wenn er nicht denken kann, ist es lächerlich, überhaupt Gedanken irgendwelcher Art von ihm zu verlangen.

[Essays II, 247]

Die Entwicklung des Menschen schreitet langsam voran. [Essays II, 230]

Die erste Pflicht im Leben besteht darin, so künstlich wie möglich zu sein. Worin die zweite Pflicht besteht, hat noch niemand herausgefunden. [Essays II, 253]

Wer zwischen Seele und Körper irgendeinen Unterschied sieht, besitzt keines von beidem. [Essays II, 253]

Wohlerzogene widersprechen anderen Leuten, Weise widersprechen sich selbst. [Essays II, 253]

Nichts von dem, das sich tatsächlich ereignet, ist von irgendeiner Bedeutung. [Essays II, 253]

Im Stumpfsinn wird Ernsthaftigkeit mündig. [Essays II, 253]

In allen unwichtigen Dingen ist Stil, nicht Aufrichtigkeit, das Wesentliche. In allen wichtigen Dingen ist Stil, nicht Aufrichtigkeit, das Wesentliche. [Essays II, 253]

Wenn man die Wahrheit sagt, kann man sicher sein, früher oder später ertappt zu werden. [Essays II, 254]

Vergnügen ist das einzige, wofür man leben sollte. Nichts altert so schnell wie das Glück. [Essays II, 254]

Kein Verbrechen ist gewöhnlich, aber Gewöhnlichkeit ist ein Verbrechen. Gewöhnlich ist das Benehmen der anderen. [Essays II, 254]

Nur die Oberflächlichen kennen sich selbst. [Essays II, 254]

Man sollte immer etwas unglaubhaft sein. [Essays II, 254]

Es ist ein Verhängnis mit allen guten Vorsätzen. Sie werden unweigerlich zu früh gefaßt. [Essays II, 254]

Jede Beschäftigung mit Vorstellungen von gutem und schlechtem Benehmen zeigt einen Stillstand in der geistigen Entwicklung an. [Essays II, 254]

Ehrgeiz ist die letzte Zuflucht des Versagens.

[Essays II, 254]

Eine Wahrheit hört auf, wahr zu sein, wenn sie von mehr als einer Person geglaubt wird. [Essays II, 254]

In Prüfungen stellen Narren Fragen, die Weise nicht beantworten können. [Essays II, 254]

Nur die oberflächlichen Qualitäten überdauern. Die tiefere Natur des Menschen wird bald entlarvt.

[Essays II, 255]

Der Fleiß ist die Wurzel aller Häßlichkeit. [Essays II, 255]

Eine öffentliche Meinung gibt es nur dort, wo Ideen fehlen. [Essays II, 256]

Man sollte niemals anderen zuhören. Es ist ein Zeichen von Gleichgültigkeit den eigenen Zuhörern gegenüber.

[Essays II, 257]

Was ich mißbilligt habe, waren der Ton, die Behandlung, das Thema, alles; das Ganze von Anfang bis Ende.

[Oscar Wilde im Kreuzverhör, 140]

Ich habe noch nie jemanden verehrt – außer mir selbst.

[Oscar Wilde im Kreuzverhör, 163]

Verehrung ist ein Gefühl, das ich für mich selbst reserviert habe. [Oscar Wilde im Kreuzverhör, 164]

England

Wenn man einem echten Engländer eine Idee mitteilt – was stets eine Unvorsichtigkeit ist –, läßt er sich nie im Traum einfallen, darüber nachzudenken, ob die Idee richtig oder falsch ist. Für wichtig hält er einzig und allein, ob man selber daran glaubt. [Dorian Gray, 19]

Ich wünsche in England nichts zu ändern, außer dem Wetter. [Dorian Gray, 51]

Es gibt in England kein literarisches Publikum für etwas anderes als Zeitungen, Abc-Bücher und Enzyklopädien. [Dorian Gray, 54]

In diesem Land genügt es, wenn ein Mensch vornehm ist und Geist besitzt, daß sich jede gemeine Zunge an ihm wetzt. Und was für ein Leben führen diese Leute selber, die sich für moralisch ausgeben? Mein lieber Freund, Sie vergessen, daß wir im Heimatland der Heuchler leben. [Dorian Gray, 167]

Bier, die Bibel und die sieben Todtugenden haben unser England zu dem gemacht, was es ist. [Dorian Gray, 212]

Der englische Landedelmann, der hinter dem Fuchs hergaloppiert – der Unsägliche auf der Jagd nach dem Ungenießbaren. [Theaterstücke I, 88]

Ein Mann, der eine Londoner Dinnertafel beherrschen kann, kann die Welt beherrschen. [Theaterstücke I, 119]

Oh, ich liebe die Londoner Gesellschaft! Ich glaube, sie hat sich ungeheuer verbessert. Sie besteht jetzt durchweg aus schönen Schwachköpfen und brillanten Irren. Genau so, wie die Gesellschaft sein sollte.

[Theaterstücke I, 157]

Unsere Gesellschaft ist in der Tat fürchterlich übervölkert. Jemand sollte wahrhaftig ein angemessenes System unterstützter Auswanderung entwerfen. Das würde sehr viel Gutes tun. [Theaterstücke I, 202]

Die ganze Theorie von moderner Erziehung ist von Grund auf ungesund. Zum Glück bringt wenigstens in England die Erziehung keinerlei Erfolg hervor.

[Theaterstücke I, 272]

Nichts zu wissen über die Großen im Lande – das ist eine Unabdingbarkeit englischer Erziehung! [Essays I, 46]

Denn zum Wichtigsten für die Gesundheit im Geiste, zum Tröstlichsten in jenem Augenblick, da noch die Seele zu zweifeln beginnt, gehört es, mit drei Viert-Teilen des britischen Publikums in keinem Punkte einer Meinung zu sein. [Essays I, 47]

Die Engländer entwerten immer Wahrheiten zu Fakten. Wenn eine Wahrheit zum Faktum wird, verliert sie jeden intellektuellen Wert. [Essays II, 256]

Amerika

Amerikanische Mädchen sind so gescheit, ihre Eltern zu verheimlichen, so wie die englischen Frauen ihre Vergangenheit verheimlichen. [Dorian Gray, 45]

Lady hunstanton: Was sind amerikanische Kurzwaren?

lord illingworth: Amerikanische Romane.

[Theaterstücke I, 86]

Die Jugend Amerikas ist seine älteste Tradition. Sie besteht jetzt seit dreihundert Jahren. [Theaterstücke I, 86]

Wenn man die Amerikaner reden hört, möchte man meinen, sie befänden sich in der ersten Kindheit. Was die Zivilisation anlangt, befinden sie sich in der zweiten.

[Theaterstücke I, 86]

Als dann Schluß war, haben sie mich in ein Tanz-Etablissement mitgenommen, einen sogenannten »Saloon«, wo ich die einzig vernünftige Methode der Kunstkritik angetroffen habe, die mir je untergekommen ist. Nämlich, über dem Klavier hing der gedruckte Hinweis:

BITTE, ERSCHIESSEN SIE NICHT DEN PIANISTEN!

ER TUT WAS ER KANN.

[Essay I, 133]

Was den Ehestand betrifft, so ist er eine der populärsten Institutionen. Der Amerikaner heiratet früh, die Amerikanerin heiratet oft. Und beide kommen außerordentlich gut miteinander aus. [Essays I, 161]

Insgesamt schreibt solch großer Erfolg des Ehestandes sich zum einen Teil aus der Tatsache her, daß kein Amerikaner jemals müßiggeht, und zum andern aus dem Umstand, daß keine amerikanische Hausfrau für die Mahlzeiten ihres Mannes verantwortlich gemacht wird. [Essays I, 161]

In Amerika regiert der Präsident vier Jahre, und der Journalismus herrscht unbegrenzt. [Essays II, 236]

Mann und Frau, Mann und Mann, Frau und Frau

Der einzige Reiz der Ehe ist, daß sie ein Leben der Täuschung für beide Teile absolut notwendig macht. Ich weiß nie, wo meine Frau ist, und meine Frau weiß nie, was ich tue. [Dorian Gray, 14]

Wer treu ist, kennt nur die triviale Seite der Liebe; der Treulose ist es, der die Liebestragödien kennenlernt.
[Dorian Gray, 23]

Immer! Das ist ein schreckliches Wort. Es läßt mich schaudern, wenn ich es höre. Frauen haben eine Vorliebe dafür. [Dorian Gray, 34]

Der einzige Unterschied zwischen einer Laune und einer lebenslänglichen Leidenschaft ist der, daß die Laune ein wenig länger vorhält. [Dorian Gray, 34]

»Was für ein Aufhebens die Leute von der Treue machen!« rief Lord Henry aus. »Selbst in der Liebe ist sie eine reine Frage der Psychologie. Mit unserem Willen hat sie nichts zu tun. Junge Leute möchten treu sein und sind es nicht, alte möchten untreu sein und können es nicht; das ist alles, was man darüber sagen kann.«
[Dorian Gray, 40]

Männer heiraten, weil sie müde, Frauen, weil sie neugierig sind; beide werden enttäuscht. [Dorian Gray, 58]

Frauen sind ein dekoratives Geschlecht. Sie haben nie etwas zu sagen, aber sie sagen es bezaubernd.

[Dorian Gray, 58-59]

Frauen repräsentieren den Triumph der Materie über den Geist, so wie Männer den Triumph des Geistes über die Moral repräsentieren. [Dorian Gray, 59]

Ich bin gerade dabei, die Frauen zu analysieren, daher sollte ich es wissen. Der Gegenstand ist gar nicht so schwer zu erforschen, wie ich glaubte. Ich finde, letzten Endes gibt es nur zwei Arten von Frauen, die ungeschminkten und die geschminkten. Die ungeschminkten Frauen sind sehr nützlich. Wenn Sie in den Ruf der Achtbarkeit kommen wollen, brauchen Sie sie nur zur Abendtafel zu führen. Die andern Frauen sind überaus reizend. Dennoch begehen sie den einen Fehler: Sie malen sich an, um jung auszusehen. Unsere Großmütter malten sich an, um brillant zu plaudern. Rouge und Esprit pflegten Hand in Hand zu gehen. Das ist jetzt alles vorbei. Solange eine Frau zehn Jahre jünger aussehen kann als ihre eigene Tochter, ist sie völlig zufrieden. [Dorian Gray, 59]

Die Leute, die nur einmal in ihrem Leben lieben, sind in Wahrheit die Oberflächlichen. Was sie ihre Anständigkeit und ihre Treue nennen, das nenne ich Lethargie der Gewohnheit oder ihren Mangel an Phantasie. Treue ist für das Gefühlsleben, was Stillstand für das geistige Leben ist – nichts weiter als ein Bekenntnis des Versagens.

[Dorian Gray, 61]

Man lernt ihr Gemüt so mühelos kennen, wie man ihre Hüte kennenlernt. [Dorian Gray, 63]

Wenn man verliebt ist, betrügt man zu Anfang immer sich selbst und am Ende stets die anderen.

[Dorian Gray, 64]

Wenn ein Mann jemals etwas ganz und gar Blödsinniges tut, geschieht es immer aus den edelsten Motiven.

[Dorian Gray, 86]

Außerdem ist jede Erfahrung wertvoll, und was man auch gegen die Ehe sagen mag, eine Erfahrung ist sie bestimmt. [Dorian Gray, 87]

Und was die Heirat angeht, die wäre natürlich töricht; es gibt andere, interessantere Bande zwischen Mann und Frau. [Dorian Gray, 87]

»Frauen sind erstaunlich praktisch«, murmelte Lord Henry, »viel praktischer als wir. In solcherart Situationen vergessen wir häufig, etwas von Heirat zu sagen, und sie erinnern uns stets daran.« [Dorian Gray, 89]

Nach meiner Theorie sind es stets die Frauen, die uns Heiratsanträge machen, und nicht wir, die sie den Frauen machen. Ausgenommen natürlich im Leben der Mittelklasse. Aber die Mittelklassen sind schließlich nicht modern. [Dorian Gray, 90]

Die Frauen behandeln uns geradeso, wie die Menschheit ihre Götter behandelt. Sie verehren uns und liegen uns ständig in den Ohren, etwas für sie zu tun.

[Dorian Gray, 91-92]

Außerdem waren Frauen besser geeignet, Kummer zu ertragen, als Männer. Sie lebten von ihren Gefühlen. Sie dachten nur an ihre Gefühle. Wenn sie sich Liebhaber nahmen, so geschah es nur deshalb, damit sie jemanden hatten, dem sie Szenen machen konnten.

[Dorian Gray, 104]

Nur auf eine einzige Art vermag eine Frau jemals einen Mann zu bessern, indem sie ihn nämlich so grenzenlos langweilt, daß er jedes nur erdenkliche Interesse am Leben verliert. [Dorian Gray, 113]

Dieses entsetzliche Gedächtnis der Frauen! Es ist eine fürchterliche Sache! Und welch einen völligen geistigen Stillstand verrät es! [Dorian Gray, 115]

Trauen Sie nie einer Frau, die Mauve trägt, wie alt sie auch sein mag, oder einer Frau über fünfunddreißig, die auf rosa Bändchen versessen ist. [Dorian Gray, 116]

Ich fürchte, Frauen schätzen Grausamkeit, unverhohlene Grausamkeit, höher als irgend etwas anderes. Sie besitzen einen erstaunlich primitiven Instinkt. Wir haben sie emanzipiert, aber sie bleiben dennoch Sklavinnen, die auf ihren Herrn und Gebieter warten. Sie lieben es, beherrscht zu werden. [Dorian Gray, 116]

Die Ehemänner sehr schöner Frauen gehören zur Verbrecherklasse [Dorian Gray, 195]

Wenn eine Frau sich wieder verheiratet, dann geschieht es, weil sie ihren ersten Mann verabscheute. Wenn sich ein Mann wieder verheiratet, dann geschieht es, weil er seine erste Frau anbetete. Frauen versuchen ihr Glück, Männer setzen das ihre aufs Spiel. [Dorian Gray, 196]

Die Frauen lieben uns um unserer Fehler willen. Wenn wir genug davon besitzen, verzeihen sie uns alles, selbst unsern Geist. [Dorian Gray, 196]

Wenn wir Frauen euch nicht um eurer Fehler willen liebten, was wäre dann mit euch allen? Nicht einer würde heiraten. Ihr wärt ein Sortiment unglücklicher Junggesellen. Das würde allerdings wenig an euch ändern. Heutzutage leben alle verheirateten Männer wie Junggesellen und alle Junggesellen wie verheiratete Männer.

[Dorian Gray, 196]

»Welch einen Unsinn die Leute über glückliche Ehen schwatzen!« rief Lord Henry aus. »Ein Mann kann mit einer Frau glücklich sein, solange er sie nicht liebt.«

[Dorian Gray, 197]

»Ich liebe Männer, die eine Zukunft, und Frauen, die eine Vergangenheit haben«, antwortete er. »Oder meinen Sie, das würde eine Damengesellschaft ergeben?«

[Dorian Gray, 197]

Weiber, die einen lieben, habe ich satt. Weiber, die einen hassen, sind viel interessanter. [Dorian Gray, 205]

Der Mut ist von den Männern auf die Frauen übergegangen. Er ist eine neue Erfahrung für uns. [Dorian Gray, 216]

Seichter Schmerz und seichte Liebe leben weiter. Eine Liebe und ein Schmerz, die groß sind, werden durch ihr eigenes Übermaß vernichtet. [Dorian Gray, 218-219]

Natürlich ist das Eheleben nur eine Gewohnheit, eine schlechte Gewohnheit. Aber schließlich bedauert man sogar den Verlust seiner ärgsten Gewohnheiten. Vielleicht trauert man denen am meisten nach. Sie machen einen so wesentlichen Teil unserer Persönlichkeit aus.

[Dorian Gray, 230]

Was hat euch getrennt? Vermutlich hat er Sie gelangweilt. Und wenn das der Fall war, hat er Ihnen nie verziehen. Das haben langweilige Leute so an sich.

[Dorian Gray, 232]

»Wie dumm ist doch die Liebe«, sagte sich der Student, als er fortging. »Sie ist nicht halb so nützlich wie die Logik, denn sie beweist gar nichts und spricht einem immer von Dingen, die nicht geschehen werden, und läßt einen Dinge glauben, die nicht wahr sind. Sie ist wirklich etwas ganz Unpraktisches, und da in unserer Zeit das Praktische alles ist, so gehe ich wieder zur Philosophie und studiere Metaphysik.« [Märchen und Erzählungen, 26]

Aber die Liebe ist nicht mehr Mode, und die Dichter haben sie getötet. Sie schrieben so viel über sie, daß ihnen niemand mehr glaubte, was mich nicht wundert. Denn wahre Liebe leidet und schweigt.

[Märchen und Erzählungen, 46]

Wenn eine Frau ihre Fehler nicht reizvoll machen kann, ist sie nur ein Weibchen. [Märchen und Erzählungen, 155-156]

Die rechte Grundlage für eine Ehe ist gegenseitiges Mißverstehen. Nein, ich bin durchaus nicht zynisch, ich habe nur meine Erfahrungen, was allerdings ungefähr auf dasselbe herauskommt. [Märchen und Erzählungen, 157]

Da er kein Genie war, hatte er keine Feinde.

[Märchen und Erzählungen, 168]

Er würde der beste Kerl sein, wenn er nur nicht immer die Wahrheit sagen wollte. [Märchen und Erzählungen, 222]

Frauen sind dazu bestimmt, geliebt zu werden, nicht aber, verstanden zu werden. [Märchen und Erzählungen, 222]

Ich war von ihr betört, trotz des Geheimnisses, wie ich damals glaubte – seinetwegen, wie ich jetzt erkenne.

[Märchen und Erzählungen, 225]

Männer, die Dandys, und Frauen, die Schätzchen sind, regieren die Welt oder sollten es zumindest.

[Märchen und Erzählungen, 229]

Ich mag Komplimente nicht, und ich verstehe nicht, was einen Mann vermuten läßt, er bereite einer Frau eine ungeheure Freude, wenn er ihr eine Menge Dinge sagt, die er gar nicht meint. [Theaterstücke I, 12]

Unsere Ehegatten würden tatsächlich vergessen, daß wir vorhanden sind, wenn wir nicht von Zeit zu Zeit an ihnen herummäkelten, nur um sie daran zu erinnern, daß wir ein völlig legales Recht dazu haben. [Theaterstücke I, 17]

LADY WINDERMERE: Sind *alle* Männer schlecht?

HERZOGIN VON BERWICK: Oh, alle, meine Liebe, alle ohne jede Ausnahme. Und nie bessern sie sich. Männer werden alt, aber sie werden niemals gut.

[Theaterstücke I, 21]

LORD WINDERMERE: Wie hart gute Frauen sind!

LADY WINDERMERE: Wie schwach schlechte Männer sind! [Theaterstücke I, 26]

Es ist für einen Ehemann heutzutage höchst gefährlich, seiner Frau in der Öffentlichkeit irgendwelche Aufmerksamkeit zu schenken. Es bringt die Leute immer auf den Gedanken, daß er sie schlägt, wenn sie allein sind.

[Theaterstücke I, 33]

Die Welt ist so mißtrauisch geworden gegen alles, was nach einem glücklichen Eheleben aussieht.

[Theaterstücke I, 33]

Es bedarf einer vollendet guten Frau, etwas vollendet Blödsinniges zu tun. [Theaterstücke I, 37]

Zwischen Männern und Frauen ist keine Freundschaft möglich. Da gibt es Leidenschaft, Feindschaft, Verehrung, Liebe, aber keine Freundschaft. [Theaterstücke I, 38]

Vor einem angemessenen Hintergrund können sich Frauen alles leisten. [Theaterstücke I, 43]

Wenn Männer aufhören, zu sagen, was bezaubernd ist, hören sie auf, zu bedenken, was bezaubernd ist.
[Theaterstücke I, 44]

Wenn eine Frau einen Mann halten will, braucht sie nur an das Schlechteste in ihm zu appellieren.
[Theaterstücke I, 47]

Männer sind solche Feiglinge. Sie verletzen jedes Gesetz der Welt und fürchten sich doch vor der Zunge der Welt.
[Theaterstücke I, 48]

Schlechte Frauen plagen einen. Gute Frauen langweilen einen. Das ist der einzige Unterschied zwischen ihnen.
[Theaterstücke I, 55]

Ich ziehe Frauen mit einer Vergangenheit vor. Man kann sich mit ihnen so verdammt gut unterhalten.
[Theaterstücke I, 55]

Es ist einfach unmenschlich, wie sich heutzutage die meisten Frauen gegen Männer betragen, die nicht ihre Ehegatten sind. [Theaterstücke I, 55]

Ein Mann, der moralisiert, ist gewöhnlich ein Heuchler, und eine Frau, die moralisiert, ist unweigerlich häßlich. [Theaterstücke I, 56]

Wie die Ehe einen Mann ruiniert! Sie ist ebenso demoralisierend wie Zigaretten und bei weitem kostspieliger. [Theaterstücke I, 56]

Das ist das ärgste an Frauen. Immer wünschen sie, man solle gut werden. Und sind wir gut, wenn sie uns kennenlernen, dann lieben sie uns ganz und gar nicht. Sie möchten uns gern durchaus unverbesserlich schlecht sehen, wenn sie uns finden, und durchaus reizlos gut, wenn sie uns verlassen. [Theaterstücke I, 56]

Nichts auf der Welt kommt der Hingabe einer verheirateten Frau gleich. Das ist etwas, wovon kein verheirateter Mann eine Ahnung hat. [Theaterstücke I, 57]

Wenn eine Frau wirklich bereut, muß sie zu einem schlechten Schneider gehen, sonst glaubt ihr keiner. [Theaterstücke I, 69]

Soweit ich feststellen kann, scheinen die jungen Frauen von heute den einzigen Lebenszweck in einem ständigen Spiel mit dem Feuer zu sehen. [Theaterstücke I, 83]

Merkwürdig, unansehnliche Frauen sind immer eifersüchtig auf ihre Ehemänner, schöne Frauen nie!

[Theaterstücke I, 91]

Zwanzig Jahre Liebesroman geben einer Frau das Aussehen einer Ruine; aber zwanzig Jahre Ehe machen sie zu einer Art öffentlichem Gebäude. [Theaterstücke I, 92]

Man sollte nie einer Frau trauen, die einem ihr wirkliches Alter verrät. Eine Frau, die einem das erzählt, würde einem auch alles andere erzählen. [Theaterstücke I, 93]

Alle Männer sind der Ehefrauen Eigentum. Das ist die einzig richtige Definition dessen, worin das Eigentum der Ehefrauen wirklich besteht. [Theaterstücke I, 97]

Es liegt etwas ausgesprochen Brutales in der guten Laune der meisten Männer von heute. Es wundert mich, daß wir Frauen es noch so gut ertragen. [Theaterstücke I, 99]

Heutzutage werden mehr Ehen durch den gesunden Menschenverstand des Ehemanns zerstört als durch sonst etwas. Wie kann man von einer Frau erwarten, daß sie mit einem Mann glücklich ist, der darauf besteht, sie als völlig vernünftiges Wesen zu behandeln?

[Theaterstücke I, 100]

Der Mann, der arme, unbeholfene, verläßliche und unerläßliche Mann, gehört einem Geschlecht an, das seit Millionen und aber Millionen Jahren vernünftig ist. Er kann nicht anders. Es liegt in seiner Art. Die Geschichte der Frau sieht ganz anders aus. Wir sind stets charmante Proteste gegen die bloße Existenz des gesunden Menschenverstands gewesen. Wir haben von Anfang an seine Gefahren erkannt. [Theaterstücke I, 100]

Wenn ein Mann alt genug ist, unrecht zu tun, sollte er auch alt genug sein, recht zu tun. [Theaterstücke I, 114]

Unzufriedenheit ist der erste Schritt zum Vorankommen eines Mannes oder einer Nation. [Theaterstücke I, 115]

Gute Frauen haben so beschränkte Ansichten vom Leben, ihr Horizont ist so eng, ihre Interessen sind so unbedeutend. [Theaterstücke I, 119]

Die Zukunft gehört dem Dandy. [Theaterstücke I, 119]

Sprechen Sie zu jeder Frau, als liebten Sie sie, und zu jedem Mann, als langweile er Sie, und am Ende Ihrer ersten Saison werden Sie in dem Ruf stehen, den vollendetsten gesellschaftlichen Anstand zu besitzen.

[Theaterstücke I, 120]

Frauen sind Gemälde. Männer sind Probleme. Wenn Sie wissen wollen, was eine Frau wirklich meint – was übrigens immer ein gefährliches Unternehmen ist –, sehen Sie sie an und hören Sie ihr nicht zu.

[Theaterstücke I, 120]

Die Geschichte der Frauen ist die Geschichte der übelsten Form von Tyrannei, die die Welt je gekannt hat. Die

Tyrannei der Schwachen über die Starken. Es ist die einzige Tyrannei von Dauer. [Theaterstücke I, 121]

Männer heiraten aus Überdruß, Frauen aus Neugier. Beide werden enttäuscht. [Theaterstücke I, 121]

Man sollte immer verliebt sein. Das ist der Grund, warum man nie heiraten sollte. [Theaterstücke I, 121]

Frauen, die zuviel denken, traue ich nicht. Frauen sollten mit Maßen denken, wie sie alles mit Maßen tun sollten. [Theaterstücke I, 126]

Herzen leben davon, verwundet zu werden.
[Theaterstücke I, 143]

Er reitet um zehn Uhr vormittags durch die Rotton Row, geht dreimal wöchentlich in die Oper, wechselt seine Kleidung wenigstens fünfmal am Tag und speist in der Saison jeden Abend außer Haus. Das können Sie doch nicht ein müßiges Leben nennen? [Theaterstücke I, 157]

MRS. CHEVELEY: Ach! Die Stärke der Frauen rührt aus der Tatsache her, daß die Psychologie uns nicht zu deuten vermag. Männer kann man analysieren, Frauen ... nur anbeten.

SIR ROBERT CHILTERN: Sie meinen, die Wissenschaft kann das Problem Frau nicht bewältigen?

MRS. CHEVELEY: Nie kann die Wissenschaft das Irrationale bewältigen. Darum hat sie auf dieser Welt auch keine Zukunft. [Theaterstücke I, 161]

Ich weiß nicht, ob Frauen immer dafür belohnt werden, wenn sie reizend sind. Ich glaube, gewöhnlich werden sie dafür bestraft! [Theaterstücke I, 161]

Entweder jagen die Leute Ehegatten nach oder verstekken sich vor ihnen. [Theaterstücke I, 162]

Geheimnisse vor anderer Leute Frauen sind im heutigen Leben ein unvermeidlicher Luxus.

[Theaterstücke I, 184-185]

Frauen besitzen einen erstaunlichen Instinkt für die Dinge. Sie entdecken alles außer dem, was in die Augen springt. [Theaterstücke I, 185]

Ich glaube nicht, daß der Mann sehr befähigt ist, sich zu entwickeln. Er ist so weit gekommen, wie es ihm möglich ist, und das ist nicht weit, wie? [Theaterstücke I, 204]

Nichts macht eine Frau so rasch alt wie eine Ehe mit der allgemeinen Regel. [Theaterstücke I, 207]

Das wachsende Gefühl für Moral bei Frauen macht Ehen zu einer so hoffnungslosen, einseitigen Einrichtung.

[Theaterstücke I, 214]

Jeder Mann von Stand ist heutzutage verheiratet. Junggesellen sind nicht mehr modern. Sie sind ein verfallenes Lotterielos. [Theaterstücke I, 215-216]

Frauen, die gesunden Menschenverstand besitzen, sind merkwürdigerweise so häßlich. [Theaterstücke I, 220]

Man sollte einer Frau nie etwas geben, was sie am Abend nicht tragen kann. [Theaterstücke I, 226]

Die erste Pflicht im Leben einer Frau ist die gegen ihren Schneider. Welches die zweite Pflicht ist, hat bisher noch niemand entdeckt. [Theaterstücke I, 226]

Ich nehme an, wenn ein Mann einmal eine Frau geliebt hat, wird er alles für sie tun, ausgenommen sie weiterzulieben? [Theaterstücke I, 227]

Bei sehr bestrickenden Frauen ist das Geschlecht eine Herausforderung, kein Schutz. [Theaterstücke I, 228]

Frauen werden nie durch Komplimente entwaffnet. Männer stets. Das ist der Unterschied zwischen den beiden Geschlechtern. [Theaterstücke I, 228]

Es gibt nur eine einzige echte Tragödie im Leben einer Frau. Die Tatsache, daß ihre Vergangenheit stets ihr Liebhaber und ihre Zukunft unweigerlich ihr Ehemann ist.

[Theaterstücke I, 229]

Die Bestimmung der Frauen ist nicht, uns zu richten, sondern uns zu vergeben, wenn wir Vergebung brauchen. Verzeihung, nicht Strafe ist ihre Aufgabe.

[Theaterstücke I, 248]

Das Leben einer Frau bewegt sich in Gefühlskurven. Auf den Linien des Verstandes verläuft das Leben eines Mannes. [Theaterstücke I, 249]

Eine Frau, die eines Mannes Liebe aufrechterhalten und ihn wiederlieben kann, hat alles getan, was die Welt von Frauen verlangt oder von ihnen verlangen sollte.

[Theaterstücke I, 249]

Du kannst vergessen. Männer vergessen leicht. Und ich verzeihen. Auf diese Weise helfen die Frauen den Menschen. [Theaterstücke I, 250]

Ich sehe wahrhaftig nichts Romantisches an einem Heiratsantrag. Es ist sehr romantisch, verliebt zu sein. Aber ein eindeutiger Antrag hat nichts Romantisches. Es kann ja sein, daß man erhört wird. Ich glaube, das ist gewöhnlich der Fall. Dann ist der ganze Reiz vorbei.

[Theaterstücke I, 259]

Es ist einfach skandalös, wie viele Frauen in London mit ihren eigenen Ehemännern flirten. Es wirkt so anstößig. So als wüsche man seine saubere Wäsche in aller Öffentlichkeit. [Theaterstücke I, 264]

Eine Verlobung sollte über ein junges Mädchen als etwas Unerwartetes hereinbrechen, angenehm oder unangenehm, wie der Fall nun liegen mag. Sie ist schwerlich etwas, das man ihr selbst abzumachen gestatten könnte ...

[Theaterstücke I, 271]

Alle Frauen werden wie ihre Mutter. Das ist ihre Tragödie. Kein Mann wird es. Das ist seine.

[Theaterstücke I, 276]

Die einzige Art und Weise, sich gegen eine Frau zu benehmen, ist die, ihr den Hof zu machen, wenn sie hübsch ist, und einer anderen, wenn sie häßlich ist.

[Theaterstücke I, 277]

Kein verheirateter Mann ist jemals reizvoll, außer für seine Frau. [Theaterstücke I, 287]

Ein Mann, über den viel geredet wird, ist natürlich immer sehr anziehend. Man hat das Gefühl, es muß schließlich etwas an ihm dran sein. [Theaterstücke I, 296]

Das Heim scheint mir der angemessene Wirkungsbereich für den Mann zu sein. Und bestimmt wird ein Mann, wenn er erst einmal beginnt, seine häuslichen Pflichten zu vernachlässigen, peinlich feminin, finden Sie nicht auch? Und das liebe ich nicht. Es macht die Männer so sehr anziehend. [Theaterstücke I, 300]

Gerade Männer von dem denkbar vornehmsten sittlichen Charakter sind äußerst empfänglich für die physischen Reize anderer. Die moderne nicht weniger als die alte Geschichte liefert uns viele überaus peinliche Beispiele für das, worauf ich anspiele. Wäre es nicht so, dann wäre allerdings die Geschichte völlig unlesbar.

[Theaterstücke I, 301]

Wenige Mädchen haben heutzutage wirklich gediegene Qualitäten, irgendwelche Qualitäten, die von Dauer sind und mit der Zeit zunehmen. Wir leben, muß ich leider sagen, in einer Zeit der Äußerlichkeiten.

[Theaterstücke I, 315]

Es gibt auf Erden soviel anderes zu tun, als zu lieben.

[Theaterstücke II, 49]

Alle Weiber reden zuviel. [Theaterstücke II, 51]

Schlimmer als häßlich ist sie, sie ist gut.

[Theaterstücke II, 126]

Das Haus, worin der Herr fehlt, ist doch nur ein leeres Ding. [Theaterstücke II, 201]

Sie hat exquisite Hände und Füße, die allzeit *bien chaussée et bien gantée* sind, und kann sich aufs brillanteste über jedwedes Thema verbreiten, vorausgesetzt, sie versteht nichts davon. [Essays I, 157]

Auch macht der Brauch, in Hotels oder Pensionen zu wohnen, die ermüdenden *tête-à-têtes* überflüssig, wie sie der Traum verlobter Paare und die Verzweiflung der Ehemänner sind. [Essays I, 161]

Über das Privatleben eines Mannes oder einer Frau sollte das Publikum nichts erfahren. Das Publikum hat überhaupt nichts damit zu tun. [Essays II, 237]

Sich selbst zu lieben, ist der Beginn einer lebenslangen Romanze. [Essays II, 255]

Die meisten Frauen sind so gekünstelt, daß ihnen jeder Sinn für die Kunst fehlt. Die meisten Männer sind so natürlich, daß ihnen jeder Sinn für die Schönheit fehlt.

[Essays II, 256]

Medien

Ihr tut alles nur Erdenkliche, um zu Ansehen zu gelangen. Und sobald ihr es habt, scheint ihr es wegwerfen zu wollen. Das ist töricht von euch, denn nur eine Sache auf der Welt ist schlimmer, als Gesprächsthema zu sein, nämlich, nicht Gesprächsthema zu sein. [Dorian Gray, 12]

Ich glaube, irgendein Bild von mir hatte zu jener Zeit großen Erfolg gehabt, zumindest war in den gängigsten Zeitungen darüber geschwätzt worden, was im neunzehnten Jahrhundert der Maßstab für Unsterblichkeit ist.

[Dorian Gray, 17]

LADY HUNSTANTON: Aber glauben Sie denn alles, was in den Zeitungen steht?

LORD ILLINGWORTH: Ja. Was sich heutzutage wirklich zuträgt, steht ja doch nicht darin. [Theaterstücke I, 88]

Ich sage immer, was ich nicht sagen sollte. Eigentlich sage ich gewöhnlich, was ich wirklich denke. Heutzutage ein großer Fehler. Man setzt sich so sehr der Gefahr aus, verstanden zu werden. [Theaterstücke I, 190]

Spione sind heutzutage von keinem Nutzen. Mit dem Beruf ist es vorbei. Ihre Arbeit tun statt dessen die Zeitungen. [Theaterstücke I, 221]

Wer verlangt Konsequenz? Der Dummkopf und der Doktrinär, diese langweiligen Leute, die immer an ihren Prinzipien festhalten bis zum bitteren Ende, bis die Praxis sie ad absurdum führt. [Essays II, 11]

In den Zeitungen wird tatsächlich sein Name richtig geschrieben. Das bedeutet auf dem Festland an sich schon Ruhm. [Theaterstücke I, 158]

Selbst die Zeitungen sind entartet. Sie sind jetzt absolut vertrauenswürdig. Man spürt es, wenn man ihre Spalten durchkaut. Nur das, was nicht lesenswert ist, kommt einem vor Augen. [Essays II, 11-12]

Je mehr man die Menschen analysiert, desto mehr verschwinden alle Gründe, sie zu analysieren. [Essays II, 17]

Heutzutage ist ein Publizist ein Mensch, der die Lesergemeinde mit den Details der Ungesetzlichkeiten in seinem Privatleben langweilt. [Essays II, 59]

Was den modernen Journalismus angeht, so ist es nicht meine Aufgabe, ihn zu verteidigen. Er rechtfertigt seine Existenz nach dem großen Darwinschen Prinzip vom Überleben der Niedrigsten. [Essays II, 79]

Ich habe die dumme Angewohnheit, regelmäßig erscheinende Zeitschriften zu lesen, und ich werde den Eindruck nicht los, daß der größte Teil der modernen Kritik völlig wertlos ist. [Essays II, 89]

Man könnte vieles zugunsten des modernen Journalismus sagen. Er zeigt uns die Meinungen der Ungebildeten, er läßt uns die Ignoranz der Gesellschaft spüren. Durch seine gewissenhafte Berichterstattung über die Ereignisse unserer Tage führt er uns die geringe Bedeutung solcher Ereignisse vor Augen. [Essays II, 132]

Man sollte allerdings einigen Zeitungen und ihren Schreibern Schranken setzen. Und ich hoffe, man wird es bald tun. Denn sie bieten uns die nackten, gemeinen, widrigen Tatsachen des Lebens. Sie verzeichnen mit entwürdigender Gier die Vergehen der kleinen Leute, und sie erzählen uns mit der Gewissenhaftigkeit der Ungebildeten genaue und prosaische Details über das Gebaren von Leuten, für die nicht das geringste Interesse besteht.

[Essays II, 132-133]

Die öffentliche Meinung ist von keinerlei Wert.

[Essays II, 222]

Vulgarität und Dummheit sind zwei äußerst lebendige Tatsachen im Leben von heute. Man bedauert das natürlich. Aber sie sind nun einmal da. [Essays II, 234]

Es war eine böse Stunde, als das Volk entdeckte, daß die Feder mächtiger ist als der Pflasterstein und eine wirksamere Waffe als der Ziegel. Sogleich suchte man sich den Journalisten, fand ihn, erzog ihn und machte ihn zu seinem gut bezahlten Sklaven. [Essays II, 236]

Hinter der Barrikade mag vieles Vornehme und Heroische stehen. Aber was steht hinter einem Leitartikel anderes als Vorurteil, Dummheit, Verblasenheit und Geschwätz? Und wenn diese vier zusammentreffen, bilden sie eine furchtbare Kraft und konstituieren die neue Autorität. [Essays II, 236]

In früheren Zeiten bediente man sich der Folter. Heutzutage bedient man sich der Presse. [Essays II, 236]

Der Künstler kann nur eins nicht sehen: das Offensichtliche. Das Publikum kann nur eins sehen: das Offensichtliche. Resultat: die Zeitungskritik. [Essays II, 257]

Ich gehe allerdings nicht davon aus, daß Kriminelle und literarisch Ungebildete jemals etwas anderes lesen werden als Zeitungen. Und sie werden gewiß kaum in der Lage sein, etwas von dem zu verstehen, was ich schreibe.
[Oscar Wilde im Kreuzverhör, 317]

Literatur und Kunst

Kunst offenbaren und den Künstler verheimlichen ist das Ziel der Kunst. [Dorian Gray, 9]

Wer in schönen Dingen häßliche Absichten entdeckt, ist verdorben, ohne reizvoll zu sein. [Dorian Gray, 9]

Alle Kunst ist zugleich Oberfläche und Symbol. Wer unter die Oberfläche dringt, tut es auf eigene Gefahr. Wer das Symbol deutet, tut es auf eigene Gefahr. [Dorian Gray, 10]

Meinungsverschiedenheit über ein Kunstwerk zeigt an, daß das Werk neu, kompliziert und wesentlich ist. [Dorian Gray, 10]

Alle Kunst ist ganz und gar nutzlos. [Dorian Gray, 10]

Die Akademie ist zu groß und zu vulgär. Jedesmal, wenn ich sie besuchte, waren entweder so viele Leute da, daß ich mir nicht die Bilder ansehen konnte, was gräßlich war, oder so viele Bilder, daß ich mir die Leute nicht ansehen konnte, und das war noch schlimmer. [Dorian Gray, 12]

Dichter haben nicht so viele Bedenken wie Sie. Die wissen, wie nützlich Leidenschaft für die Veröffentlichung ist. Ein gebrochenes Herz bringt es heutzutage zu vielen Auflagen. [Dorian Gray, 22]

Es ist ein verdrießlicher Gedanke, dennoch besteht kein Zweifel darüber, daß Genie länger währt als Schönheit.

[Dorian Gray, 22]

Der gründlich Gebildete – er ist das heutige Ideal. Und der Geist des gründlich Gebildeten ist etwas Fürchterliches. Er gleicht einem Antiquitätenladen: nichts als Scheußlichkeiten und Staub, und alles über seinen eigentlichen Wert veranschlagt. [Dorian Gray, 22-23]

Worte! Bloße Worte! Wie schrecklich sie waren! Wie klar und lebendig und grausam! [Dorian Gray, 29]

Ich lese Bücher viel zu gern, als daß ich Lust hätte, welche zu schreiben. [Dorian Gray, 54]

Die einzigen persönlich erfreulichen Künstler, die ich jemals kennenlernte, sind schlechte Künstler. Gute Künstler leben nur in dem, was sie schaffen, und sind infolgedessen völlig uninteressiert an dem, was sie sind. Ein großer Dichter, ein wirklich großer Dichter, ist das unpoetischste aller Geschöpfe. Geringere Dichter dagegen sind absolut faszinierend. Je schlechter ihre Gedichte sind, um so malerischer sehen sie aus. Die bloße Tatsache, ein Buch mit zweitklassigen Sonetten veröffentlicht zu haben, macht einen Mann ganz unwiderstehlich. Er lebt die Poesie, die er nicht schreiben kann. Die anderen schreiben die Poesie, die sie nicht zu verwirklichen wagen. [Dorian Gray, 68]

Wir leben in einer Zeit, die zuviel liest, um weise zu sein, und zuviel denkt, um schön zu sein. [Dorian Gray, 118]

Wissen wäre fatal. Die Ungewißheit ist es, die uns reizt. Ein Nebel macht die Dinge wunderschön.

[Dorian Gray, 224]

Die Bücher, die von der Welt unmoralisch genannt werden, sind Bücher, die der Welt ihre eigene Schande zeigen. Das ist alles. [Dorian Gray, 237]

»Wollen Sie damit sagen, daß die Geschichte eine Moral hat?« »Natürlich«, sagte der Grünspecht. »Das hätten Sie mir«, sagte der Wasserratz wütend, »vorher sagen sollen. Hätten Sie mir das zu Anfang gesagt, so hätte ich gar nicht zugehört; ich würde ›bah!‹ gesagt haben wie die Kritiker, was ich übrigens auch jetzt noch sagen kann.« [Märchen und Erzählungen, 43]

Gewöhnlichen Verstand kann jeder haben, vorausgesetzt, er hat keine Phantasie. [Märchen und Erzählungen, 48]

Schön und schlecht, das klingt so ähnlich und ist oft dasselbe. [Märchen und Erzählungen, 51]

Sie verstanden nicht ein einziges Wort von dem, was er sagte, aber das machte nichts; denn sie legten die Köpfe auf die Seite und blickten verständig drein, was geradeso gut ist wie eine Sache verstehen und sehr viel bequemer.

[Märchen und Erzählungen, 85]

Schauspieler sind so glücklich dran. Sie können sich aussuchen, ob sie in einer Tragödie oder in einer Komödie auftreten wollen, ob sie leiden oder vergnügt sein, lachen oder Tränen vergießen wollen. Aber im wirklichen Leben ist das anders. Die meisten Männer und Frauen sind gezwungen, Rollen zu spielen, für die sie nicht geeignet sind. Unsere Güldensterns spielen für uns den Hamlet, und unsere Hamlets müssen herumspaßen wie Prinz Heinz. Die Welt ist eine Bühne, aber das Stück ist schlecht besetzt. [Märchen und Erzählungen, 160]

»Die einzigen Leute, mit denen ein Maler verkehren sollte«, pflegte er zu sagen, »sind Leute, die dumm und schön sind, Leute, deren Anblick ein künstlerischer Genuß und deren Unterhaltung eine geistige Ruhepause ist.«

[Märchen und Erzählungen, 229]

Es gibt Augenblicke, in denen sich die Kunst fast zu der Würde handwerklicher Arbeit aufschwingt.

[Märchen und Erzählungen, 230]

Wer Weisheit fortgibt, beraubt sich selbst. Er ist wie einer, der seine Schätze einem Räuber schenkt.

[Märchen und Erzählungen, 243]

Wenn Leute mit mir übereinstimmen, habe ich immer das Gefühl, ich muß mich irren. [Theaterstücke I, 56]

Der Intellekt ist keine ernste Sache, ist es nie gewesen. Er ist ein Instrument, auf dem man spielt, weiter nichts.

[Theaterstücke I, 88]

Examen haben keinerlei Wert. Ist ein Mann ein Gentleman, dann weiß er durchaus genug, und ist er kein Gentleman, dann ist alles, was er weiß, wertlos für ihn.

[Theaterstücke I, 118]

Die Welt ist von Narren gemacht, damit Weise darin leben. [Theaterstücke I, 122]

Hört man zu, kann man überzeugt werden, und wer sich durch ein Argument überzeugen läßt, ist ein von Grund auf unvernünftiger Mensch. [Theaterstücke I, 166]

Zugunsten der Dummheit läßt sich mehr sagen, als die Leute denken. Ich persönlich hege große Bewunderung für die Dummheit. Das ist vermutlich so etwas wie seelische Übereinstimmung. [Theaterstücke I, 187]

Eine strenge und unumstößliche Regel, was man lesen sollte und was nicht, ist albern. Man sollte alles lesen. Mehr als die Hälfte unserer heutigen Bildung verdanken wir dem, was man nicht lesen sollte. [Theaterstücke I, 261]

Es ist roh, wie ein Zahnarzt zu reden, wenn man kein Zahnarzt ist. Das erzeugt eine falsche Wirkung.

[Theaterstücke I, 262]

Die Wahrheit ist selten rein und niemals einfach. Unser heutiges Leben wäre sonst sehr langweilig und unsere moderne Literatur schlechterdings eine Unmöglichkeit!

[Theaterstücke I, 263]

Ich liebe es, über nichts zu reden, Vater. Das ist das einzige, wovon ich etwas verstehe. [Theaterstücke I, 166]

Literaturkritik ist nicht deine Stärke, alter Junge. Versuch dich nicht darin. Du solltest sie Leuten überlassen, die nicht die Universität besucht haben. Die machen das so schön in den Tageszeitungen. [Theaterstücke I, 264]

Ich billige nichts, was in die natürliche Unwissenheit hineinpfuscht. Unwissenheit ist wie eine zarte exotische Frucht, berühre sie, und die Blüte ist hin. Die ganze Theorie von moderner Erziehung ist von Grund auf ungesund.
[Theaterstücke I, 272]

Ich bin dieser Geistreichelei sterbensüberdrüssig. Jeder ist heutzutage geistreich. Du kannst nirgendwohin gehen, ohne geistreiche Leute zu treffen. Das ist förmlich zu einer öffentlichen Plage geworden. Ich wünschte zum Himmel, wir hätten noch ein paar Dummköpfe übrigbehalten.
[Theaterstücke I, 276]

Die Guten enden glücklich und die Schlechten unglücklich. Das ist der Sinn der Dichtung. [Theaterstücke I, 282]

Ich reise nie ohne mein Tagebuch. Man sollte im Zug immer etwas Aufregendes zum Lesen haben.
[Theaterstücke I, 302]

Literatur muß stets auf einem Prinzip beruhen, und temporäre Erwägungen sind alles andere denn ein Prinzip.
[Essays I, 53]

Und die Kritik – welcher Platz ist *ihr* einzuräumen innerhalb unserer Kultur? Nun, ich glaube, die erste Pflicht des Kunstkritikers hat zu sein, daß er in Anbetracht sämtlicher Zeiten und Kulturen das Maul halte: »*C'est une grande avantage de n'avoir rien fait, mais il ne faut pas en abuser.*« (Ein großer Vorteil ist's, gar nichts geschaffen zu haben, doch sollt' man keinen Mißbrauch mit ihm treiben.) [Essays I, 57]

Man kommt ja recht gut ohne die Philosophie zurecht, sobald man sich erst mit schönen Dingen umgibt.

[Essays I, 73]

Popularität ist der Lorbeerkranz, den die Welt schlechter Kunst aufsetzt. Was populär ist, ist vom Übel.

[Essays I, 137]

Bisweilen freilich ist man zu wünschen versucht, die künstlerische Fähigkeit, die ja den Frauen unzweifelhaft zu eigen ist, möge sich ein wenig stärker in Prosa und weniger häufig in Gedichtform manifestieren. [Essays I, 169]

Das Altmodische in der Literatur ist nicht so erfreulich wie das Altmodische an der Kleidung. [Essays I, 172-173]

Es gibt nichts Ungesunderes als das Denken, und die Menschen gehen daran zugrunde, wie an irgendeiner anderen Krankheit. [Essays II, 10]

Ich befürchte fast, wir beginnen übergebildet zu werden; wenigstens verlegt sich jeder, der nicht fähig ist zu lernen, sogleich aufs Lehren – soweit ist es mit unserem Bildungsenthusiasmus gekommen. [Essays II, 10]

Eine der Hauptursachen, die sich für den erstaunlich trivialen Charakter des größten Teiles der Literatur unserer Zeit anführen lassen, ist unzweifelbar der Verfall der Lüge als einer Kunst, einer Wissenschaft und eines geselligen Vergnügens. Die alten Geschichtsschreiber hinterließen uns wundervolle Dichtungen in der Form von Tatsachen; der moderne Romanschriftsteller langweilt uns mit Tatsachen, die er als Dichtung ausgibt. [Essays II, 12]

Ich gebe gerne zu, daß die modernen Romane viele gute Einzelheiten enthalten. Ich behaupte nur, daß sie als Gattung völlig unlesbar sind. [Essays II, 17]

Jeder Geist ist eine Waffe, geladen mit Willen.
[Essays II, 19]

Die einzigen wirklich schönen Dinge, sagte einmal jemand, sind die Dinge, die uns nicht betreffen.
[Essays II, 19]

Es unterliegt nicht dem geringsten Zweifel, daß noch vor dem Ende dieses Jahrhunderts eine Umwandlung stattfinden wird. Gelangweilt durch die ermüdende und dozierende Unterhaltung derer, die weder die Phantasie zum Übertreiben noch das Genie zur Dichtung besitzen, jener klugen Leute überdrüssig, deren Reminiszenzen stets auf dem Gedächtnis beruhen, deren Aussagen beständig durch die Wahrscheinlichkeit eingeschränkt sind, und die jederzeit leicht bestätigt werden durch den beliebigsten Philister, der gerade anwesend ist, muß die Gesellschaft früher oder später zu ihrem verlassenen Führer, dem gebildeten und fesselnden Lügner, zurückkehren. [Essays II, 26]

Wo die Gebildeten Eindrücke erhaschen, holen sich die Ungebildeten eine Erkältung. [Essays II, 35]

Der Umstand, daß jemand ein Giftmischer ist, sagt nichts gegen seine Prosa aus. Häusliche Tugenden bilden nicht die wahre Grundlage der Kunst, obgleich sie eine ausgezeichnete Werbung für einen zweitrangigen Künstler sein können. [Essays II, 66-67]

Es gibt keine wesentliche Inkongruenz zwischen Verbrechen und Kultur. Wir können nicht die ganze Geschichte umschreiben, damit unsere moralische Empfindung, wie die Welt sein sollte, befriedigt wird. [Essays II, 67]

Nun, ich habe, während du spieltest, nicht ohne Vergnügen darin geblättert, obwohl ich im allgemeinen kein Freund moderner Memoiren bin. Sie werden gewöhnlich von Leuten geschrieben, die entweder völlig ihr Gedächtnis verloren oder nie etwas Erinnernswertes getan haben; genau das ist ohne Zweifel die wahre Erklärung ihrer Beliebtheit, denn dem englischen Publikum wird immer wohl zumute, wenn eine Mediokrität zu ihm spricht.

[Essays II, 69]

Ja, das Publikum ist erstaunlich tolerant. Es verzeiht alles – außer Genie. [Essays II, 69]

Sogar im täglichen Leben besitzt der Egoismus seine Reize. Wenn die Leute über andere reden, sind sie gewöhnlich langweilig. Erzählen sie dagegen von sich, dann werden sie fast immer interessant. Könnte man ihnen so leicht den Mund schließen, wenn sie einen ermüden, wie man ein Buch zuklappt, dessen man müde geworden ist, so wäre an ihnen nichts auszusetzen. [Essays II, 71]

Jeder große Mann hat heutzutage seine Jünger, und immer ist es Judas, der die Biographie schreibt. [Essays II, 71]

Früher verherrlichten wir unsere Helden. Die moderne Manier ist es, sie herabzuwürdigen. Billige Ausgaben großer Bücher können etwas höchst Erfreuliches sein, aber billige Ausgaben großer Männer sind einfach abscheulich. [Essays II, 71]

ERNEST: Aber was ist der Unterschied zwischen Literatur und Journalismus?

GILBERT: Oh, der Journalismus ist das Lesen nicht wert, und die Literatur wird nicht gelesen. Das ist alles. [Essays II, 79]

Eine gelehrte Unterhaltung ist entweder die Leidenschaft des Unwissenden oder das Bekenntnis der geistig Unbeschäftigten. [Essays II, 79]

Sprechen wir nicht über ernste Dinge. Ich bin mir allzu sehr bewußt, daß wir in einer Zeit geboren sind, die nur die Dummheit ernst nimmt, und ich lebe in der Angst, nicht mißverstanden zu werden. Bring mich nicht in die

Situation, dir nützliche Aufschlüsse zu geben. Erziehung ist eine wunderbare Sache, doch muß man sich von Zeit zu Zeit besinnen, daß nichts, was von Wert ist, gelehrt werden kann. [Essays II, 79-80]

Denken ist wundervoll, aber noch wundervoller ist das Erlebnis. [Essays II, 80]

ERNEST: Und wie heißen die beiden höchsten und edelsten Künste?

GILBERT: Leben und Literatur. Das Leben und der vollendete Ausdruck des Lebens. [Essays II, 80]

Die Mittelmäßigkeit hält der Mittelmäßigkeit die Waage, und die Inkompetenz applaudiert ihrer Schwester. [Essays II, 90]

Das Kritisieren erfordert unendlich mehr Bildung als das Schaffen. [Essays II, 90]

Jedermann kann einen dreibändigen Roman schreiben. Dazu bedarf es nur völliger Unkenntnis des Lebens und der Literatur. [Essays II, 90]

Um den Jahrgang und die Güte eines Weines zu kennen, braucht man nicht das ganze Faß zu trinken. [Essays II, 90]

Wer wird sich durch ein langweiliges Buch hindurcharbeiten? Man prüft es, das genügt völlig – es ist mehr als genug, meine ich. [Essays II, 90]

Das Beste, was man über den größten Teil unserer modernen schöpferischen Kunst sagen kann, ist, daß sie nicht ganz so vulgär wie die Wirklichkeit ist.

[Essays II, 99]

Eine Unterhaltung sollte an alles rühren, aber sich auf nichts konzentrieren. [Essays II, 106]

Alle Künste sind amoralisch – außer jenen niedrigeren Formen der sinnlichen oder belehrenden Kunst, die, im Bösen oder Guten, zum Handeln anzustacheln suchen. Denn Handeln jeder Art gehört in den Bereich der Ethik.

[Essays II, 122]

Wir leben im Zeitalter der Überarbeiteten und der Untergebildeten; einem Zeitalter, in dem die Leute derart geschäftig sind, daß sie völlig verdummen. [Essays II, 122]

Wo die Selbsterziehung aufgehört hat, ein Ideal zu sein, da sinkt sofort der geistige Maßstab ab und geht oft ganz verloren. [Essays II, 124]

Wie erschreckend ist diese Unwissenheit, die unvermeidlich aus der fatalen Gewohnheit entsteht, die eigenen Ansichten mitzuteilen! Wie beschränkt ist der Gesichtskreis eines solchen Menschen! Wie sehr ödet er uns an, ja, muß er sich selbst anöden mit seinen endlosen und kläglichen Wiederholungen! Wie mangelt ihm jedes Element geistigen Wachstums! In welchem circulus vitiosus bewegt er sich ständig! [Essays II, 124]

Man sagt, der Schulmeister stirbt aus. Ich wollte, es wäre so. Denn der Schulmeister ist nur ein Vertreter und sicherlich der unwichtigste einer ganzen Gattung, die, wie mir scheint, unser Leben wirklich beherrscht; und wie im ethischen Bereich der Philanthrop eine Plage ist, so ist es im Bereich des Geistes derjenige, der so sehr damit beschäftigt ist, andere zu erziehen, daß er nie Zeit gehabt hat, sich selbst zu erziehen. [Essays II, 124]

Eine Idee, die nicht gefährlich ist, verdient es nicht, überhaupt eine Idee genannt zu werden. [Essays II, 125]

Es liegt nichts Gesundes in der Anbetung der Schönheit. Sie ist viel zu glänzend, um gesund zu sein. [Essays II, 131]

Ein wenig Aufrichtigkeit ist gefährlich und viel davon geradezu fatal. [Essays II, 131]

Es ist immer schwieriger zu zerstören, als zu erschaffen, und wenn das, was man zerstören muß, die Vulgarität und die Dummheit ist, so fordert die Zerstörung nicht nur Mut, sondern auch Verachtung. [Essays II, 135]

Es ist zweifellos ein Vergnügen, moderne Bilder anzusehen, wenigstens einige von ihnen. Aber es ist ganz unmöglich, mit ihnen zu leben. Sie sind zu ausgeklügelt, zu sicher, zu intellektuell. Ihre Absichten sind zu deutlich, und ihre Technik ist allzu offenkundig. Was sie zu sagen haben, erschöpft sich in kürzester Zeit, und dann werden sie so langweilig wie Verwandte. [Essays II, 135-136]

Auf die Dauer ermüden einen die Werke von Individuen, deren Individualität sich immer geräuschvoll in Szene setzt und in der Regel uninteressant ist. [Essays II, 136]

Noch immer ist die Kunst, die sich offen als dekorativ gibt, die Kunst, mit der man leben kann. [Essays II, 137]

Die schlechte Dichtung kommt aus dem natürlichen Gefühl. Natürlich sein, heißt einleuchtend sein, und einleuchtend sein, heißt, unkünstlerisch sein. [Essays II, 138]

Sie leisten ohne Zweifel ihr Bestes, und deshalb erhalten wir das Schlechteste von ihnen. Immer werden die schlechtesten Werke mit den besten Absichten geschaffen. [Essays II, 139]

Schlechte Künstler bewundern sich immer gegenseitig. Das nennen sie weitherzig und vorurteilslos.

[Essays II, 141]

Wenn man mit mir übereinstimmt, fühle ich immer, daß ich unrecht haben muß. [Essays II, 141]

Es gibt nichts, was das Publikum so verabscheut wie Neuheit. [Essays II, 231]

In der Tat ist der volkstümliche Roman, den das Publikum gesund nennt, immer ein äußerst ungesundes Gebilde; und was das Publikum als ungesunden Roman bezeichnet, ist immer ein schönes und gesundes Kunstwerk. [Essays II, 235]

Wahr ist, daß das Publikum von unstillbarer Neugier erfüllt ist, alles zu wissen, außer dem, was wirklich wissenswert ist. [Essays II, 236]

Ein echter Künstler kümmert sich nicht um das Publikum. Es existiert nicht für ihn. [Essays II, 241]

Bildung ist etwas Wunderbares. Doch sollte man sich von Zeit zu Zeit daran erinnern, daß wirklich Wissenswertes nicht gelehrt werden kann. [Essays II, 256]

Früher wurden Bücher von Literaten geschrieben und vom Publikum gelesen. Heute werden sie vom Publikum geschrieben und von niemandem mehr gelesen.
[Essays II, 256]

Ich glaube selten, daß etwas, das ich schreibe, wahr ist.
[Oscar Wilde im Kreuzverhör, 143]

Alles, was das Denken bei Menschen jeden Alters anregt, ist gut für sie. [Oscar Wilde im Kreuzverhör, 144]

Das hängt vom Temperament eines jeden Lesers dieses Buches ab; wer die Sünde findet, hat sie hineingetragen.
[Oscar Wilde im Kreuzverhör, 148]

Kein Kunstwerk trägt Ansichten vor. Ansichten gehören zu Menschen, die keine Künstler sind. Es gibt keine Ansichten in einem Kunstwerk.
[Oscar Wilde im Kreuzverhör, 151]

Die Kunstanschauungen der Philister zählen doch nicht: Sie sind unermeßlich dumm. Sie können mich nicht fragen, welche Fehlinterpretation meines Werkes die Ignoranten, die literarisch Ungebildeten, die Dummen dort hineinlesen könnten. Das betrifft mich nicht.

[Oscar Wilde im Kreuzverhör, 151]

Behalten Sie doch Ihre eigenen Worte für sich. Und lassen Sie mir meine. Legen Sie mir nicht Worte in den Mund, die ich nicht gesagt habe.

[Oscar Wilde im Kreuzverhör, 163]

Ich mache mir keine Gedanken wegen der Ignoranz anderer. Nehmen Sie mich doch nicht wegen der Dummheit anderer ins Kreuzverhör. Das hat doch mit mir überhaupt nichts zu tun. [Oscar Wilde im Kreuzverhör, 166]

Ich glaube, daß eine Idee wie der schlechte Einfluß sich eher für eine literarische Behandlung eignet als für das reale Leben. [Oscar Wilde im Kreuzverhör, 177]

Der Brief wurde nicht mit dem Ziel geschrieben, etwas Anständiges zu schreiben; er wurde mit dem Ziel verfaßt, etwas Schönes zu schaffen. [Oscar Wilde im Kreuzverhör, 180]

Bildung hängt davon ab, welchen Maßstab man anlegt.

[Oscar Wilde im Kreuzverhör, 289]

An der Theaterkasse hat sich bislang noch niemand über Unmoral in dem öffentlich aufgeführten Stück beschwert.

[Oscar Wilde im Kreuzverhör, 350]

Musik

Wahrscheinlich haben die Zuhörer gemeint, es werde vierhändig gespielt. Wenn sich Tante Agatha ans Klavier setzt, macht sie durchaus genug Lärm für zwei.

[Dorian Gray, 26]

Ich liebe Wagners Musik mehr als jede andere. Sie ist so laut, daß man sich die ganze Zeit unterhalten kann, ohne daß die anderen Leute hören, was man sagt.

[Dorian Gray, 57]

Musik verursacht einem so romantische Gefühle – zumindest geht sie einem immer auf die Nerven.

[Theaterstücke I, 134]

Musiker sind so absurd unvernünftig. Immer wollen sie einen gerade in dem Augenblick völlig stumm haben, wenn man sich danach sehnt, völlig taub zu sein.

[Theaterstücke I, 199]

Ich spiele nicht akkurat – akkurat kann jeder spielen –, aber ich spiele mit wundervollem Ausdruck. Was das Piano betrifft, ist Gefühl meine starke Seite. Ich bewahre mir Kunst als Leben. [Theaterstücke I, 257]

Französische Lieder kann ich natürlich nicht gestatten. Die Leute scheinen immer zu glauben, daß sie unanständig sind, und sehen entweder schockiert aus, was gewöhnlich ist, oder lachen, und das ist schlimmer. Deutsch dagegen klingt nach einer durchaus ehrbaren Sprache, und ich glaube in der Tat, das ist sie auch. [Theaterstücke I, 268]

Das Konzert ist natürlich eine sehr mißliche Sache. Verstehst du, wenn man gute Musik spielt, hören die Leute nicht zu, und spielt man schlechte Musik, dann reden sie nicht. [Theaterstücke I, 268]

Religion

Aber Schönheit, wahre Schönheit, endet da, wo der geistige Ausdruck beginnt. Geist ist an sich eine Art Übertreibung und zerstört die Harmonie eines jeden Gesichts. In dem Augenblick, da man sich niedersetzt, um zu denken, wird man ganz Nase oder ganz Stirn oder sonst etwas Gräßliches. Sehen Sie sich die erfolgreichen Männer in irgendeinem gelehrten Beruf an. Wie ganz und gar abscheulich sehen sie aus! Ausgenommen natürlich die Angehörigen der Geistlichkeit. Aber die Geistlichkeit denkt ja auch nicht. [Dorian Gray, 13]

Und was das Glauben betrifft, so vermag ich alles zu glauben, vorausgesetzt, daß es ganz und gar unglaublich ist.

[Dorian Gray, 16]

Die Sünde ist das einzige echte Farbenelement, das unserem modernen Leben geblieben ist. [Dorian Gray, 40]

Die Menschen nehmen sich selbst zu ernst. Das ist die Erbsünde der Welt. Hätte der Höhlenmensch zu lachen verstanden, wäre die Weltgeschichte anders verlaufen.

[Dorian Gray, 52]

Es liegt eine gewisse Wollust in der Selbstanklage. Wenn wir uns selbst tadeln, so mit dem Gefühl, daß kein anderer das Recht habe, uns zu tadeln. Es ist die Beichte, die Absolution erteilt, nicht der Priester. [Dorian Gray, 109]

Die Dinge, von denen man absolut überzeugt ist, sind niemals wahr. Das ist das Verhängnis des Glaubens und die Lehre der Romantik. [Dorian Gray, 234]

Es ist manchmal sehr schwer, wach zu bleiben, vor allem in der Kirche. [Märchen und Erzählungen, 211]

In einem Tempel sollte jeder ernst sein, mit Ausnahme dessen, der angebetet wird. [Theaterstücke I, 92]

Der einzige Unterschied zwischen dem Heiligen und dem Sünder ist, daß jeder Heilige eine Vergangenheit hat und jeder Sünder eine Zukunft. [Theaterstücke I, 123]

Wenn die Götter uns strafen wollen, erhören sie unsere Gebete. [Theaterstücke I, 190]

Hoho! Wunder! Ich glaube nicht an Wunder. Ich habe ihrer zu viele gesehen. [Theaterstücke II, 28]

Die Messe zu versäumen, bedarf es keines Vorwands. [Theaterstücke II, 122]

Ein jeder ist sein eigner Teufel, und wir machen die Welt zu unsrer Hölle. [Theaterstücke II, 190]

Glaubensbekenntnisse werden akzeptiert, nicht weil sie vernünftig sind, sondern weil sie wiederholt werden. [Essays II, 138]

Es ist so leicht, andere, und so schwer, sich selbst zu bekehren. [Essays II, 129]

Die Leute erheben ihr Geschrei wider den Sünder, doch ist es nicht der Sünder, sondern der Dummkopf, der uns zur Schande gereicht. Es gibt keine andere Sünde als die Dummheit. [Essays II, 146]

Religionen gehen unter, sobald ihre Wahrheit sich erweist. Die Wissenschaft ist das Archiv untergegangener Religionen. [Essays II, 253]

Familie

Aus Brüdern mache ich mir nichts. Mein älterer Bruder will nicht sterben, und meine jüngeren scheinen nichts anderes zu tun. [Dorian Gray, 19]

Niemand schert sich heutzutage um entfernte Verwandte. Sie sind schon vor Jahren aus der Mode gekommen. [Märchen und Erzählungen, 159]

Verdammte Plage, die Verwandten! Aber sie machen einen so verdammt achtbar. [Theaterstücke I, 31]

Nach einem guten Dinner kann man jedem verzeihen, selbst seinen eigenen Verwandten. [Theaterstücke I, 107]

Zuerst lieben die Kinder ihre Eltern. Nach einer gewissen Zeit fällen sie ihr Urteil über sie. Selten, wenn überhaupt je, verzeihen sie ihnen. [Theaterstücke I, 149]

Von Vätern sollte man weder etwas sehen noch hören. Das ist die einzig angemessene Basis für ein Familienleben. [Theaterstücke I, 235]

JACK: Ich habe beide Eltern verloren.

LADY BRACKNELL: Beide? Einen von beiden zu verlieren mag als ein Unglücksfall betrachtet werden ... beide zu verlieren, das sieht nach Unachtsamkeit aus.

[Theaterstücke I, 274]

Einmal in der Woche mit den eigenen Verwandten zu speisen genügt vollauf. [Theaterstücke I, 264]

Verwandte sind einfach eine langweilige Bande von Leuten, die nicht im entferntesten wissen, wie man leben muß, und nicht den geringsten Instinkt besitzen, wann man zu sterben hat. [Theaterstücke I, 276]

Wenige Eltern nehmen heutzutage Rücksicht auf das, was ihnen ihre Kinder sagen. Der altmodische Respekt vor der Jugend stirbt fast aus. [Theaterstücke I, 279]

Freund und Feind

Lachen ist durchaus kein schlechter Beginn für eine Freundschaft und ihr bei weitem bestes Ende.

[Dorian Gray, 18]

»Sie begreifen nicht, was Freundschaft ist, Harry«, murmelte er, »und was Feindschaft ist, ebensowenig. Sie haben jedermann gern, mit anderen Worten: Ihnen ist jedermann gleichgültig.« [Dorian Gray, 18]

Ich mache einen großen Unterschied zwischen den Leuten. Ich erwähle meine Freunde nach ihrem guten Aussehen, meine Bekannten nach ihrem guten Namen und meine Feinde nach ihrer gesunden Vernunft. Man kann nicht vorsichtig genug sein in der Wahl seiner Feinde. Ich besitze nicht einen, der ein Dummkopf wäre. Alle sind Menschen von einer gewissen geistigen Fähigkeit, und deshalb schätzen sie mich alle. [Dorian Gray, 19]

Mir ist es immer lieb, alles von meinen neuen Freunden zu wissen und nichts von meinen alten. [Dorian Gray, 46]

Zu Leuten, an denen einem nichts liegt, kann man immer freundlich sein. [Dorian Gray, 113]

Jeder Erfolg, den wir erzielen, verschafft uns einen Feind. Um beliebt zu sein, muß man ein unbedeutender Mensch sein. [Dorian Gray, 214]

Wenn Menschen Sorgen haben, muß man sie mit sich allein lassen und nicht mit Besuchen belästigen. Das ist wenigstens meine Ansicht von Freundschaft, und ich weiß, sie ist die rechte. [Märchen und Erzählungen, 34]

Was für ein Recht haben Sie, glücklich zu sein? Sie sollten an andere denken. Sie sollten an mich denken. Ich denke immer an mich und erwarte von allen anderen, daß sie das gleiche tun. Das ist das, was man Sympathie nennt. Es ist eine schöne Tugend, und ich besitze sie in hohem Grade. [Märchen und Erzählungen, 48]

Ich behaupte sogar, daß ich sicher sein Freund nicht wäre, wenn ich ihn kennen würde. Es ist eine sehr gefährliche Sache, seine Freunde zu kennen.

[Märchen und Erzählungen, 50]

Ich hasse Leute, die wie Sie immer von sich selbst reden, wenn man wie ich von sich reden will. Das nenne ich Egoismus, und Egoismus ist etwas ganz Abscheuliches, besonders für jemand von meinem Temperament, denn ich bin wegen meines sympathischen Naturells allgemein beliebt. Sie sollten sich wirklich an mir ein Beispiel nehmen, Sie könnten gar kein besseres Vorbild finden.

[Märchen und Erzählungen, 52-53]

Eine Bekanntschaft, die mit einem Kompliment beginnt, hat alle Aussicht, sich zu einer echten Freundschaft zu entwickeln. [Theaterstücke I, 160]

Die Grundlage jeder Verleumdung sei eine absolut unmoralische Gewißheit. [Theaterstücke I, 89]

Es ist immer schmerzhaft, sich von Leuten zu trennen, die man für sehr kurze Zeit gekannt hat. Die Abwesenheit alter Freunde kann man mit Gleichmut ertragen. Aber die vorübergehende Trennung von jemandem, dem man gerade vorgestellt wurde, ist fast unerträglich.

[Theaterstücke I, 294]

Ich möchte lieber meinen besten Freund als meinen ärgsten Feind verlieren. Denn um Freunde zu haben, braucht man nur gefällig zu sein; aber wenn ein Mann keinen Feind mehr hat, dann muß etwas Erbärmliches an ihm sein. [Theaterstücke II, 72]

Mit Freundlichkeit umgarnt man seine Feinde!

[Theaterstücke II, 144]

Hat sie aber den Sieg erst in der Tasche, so ist sie großmütig und verzeiht den Rivalinnen alles, sogar deren Schönheit. [Essays I, 157]

Diese Bemerkung muß ich schon einmal gehört haben, Ernest. Sie hat die Zählebigkeit eines Irrtums und ist so langweilig wie ein alter Freund. [Essays II, 75]

Freundschaft ist weit tragischer als Liebe. Sie dauert länger. [Essays II, 256]

Philanthropen verlieren jedes Gefühl für Menschlichkeit. Das ist ihr hervorstechender Charakterzug.

[Dorian Gray, 46]

Er sagt Dinge, die mich ärgern. Er gibt mir gute Ratschläge.

[Dorian Gray, 68]

Der Grund, warum wir alle so gern gut von anderen denken, ist der, daß wir uns alle vor uns selbst fürchten. Der Ausgangspunkt des Optimismus ist schiere Angst.

[Dorian Gray, 87]

Streit ist etwas ganz Ordinäres, denn in der guten Gesellschaft haben alle dieselbe Meinung.

[Märchen und Erzählungen, 52]

Ich glaube, alle bezaubernden Leute sind verdorben. Es ist das Geheimnis ihres Reizes.

[Essays II, 181]

Jung und Alt

Jugend ist das einzige, was Wert hat. [Dorian Gray, 32]

Jugend! Jugend! Es gibt einfach nichts auf der Welt als Jugend! [Dorian Gray, 34]

Um seine Jugend zurückzuerhalten, braucht man nur seine Torheiten zu wiederholen. [Dorian Gray, 52]

Der einzige Reiz der Vergangenheit ist, daß sie vergangen ist. [Dorian Gray, 115]

Die Vergangenheit konnte stets aufgehoben werden. Reue, Ableugnen und Vergessen vermochten das. Doch die Zukunft war unvermeidlich. [Dorian Gray, 134]

Wir können im Leben bestenfalls ein großes Erlebnis haben, und das Geheimnis des Lebens ist, dieses Erlebnis so oft wie möglich aufs neue zu erzielen.

[Dorian Gray, 214]

Um meine Jugend zurückzuerhalten, würde ich alles auf der Welt tun, außer Leibesübungen, früh aufstehen oder ehrbar werden. [Dorian Gray, 234]

Die Tragödie des Alters ist nicht, daß man alt ist, sondern daß man jung ist. [Dorian Gray, 234]

Ich frage mich, wie der Rest Ihres Lebens verlaufen wird. Verderben Sie ihn nicht durch Verzicht. [Dorian Gray, 235]

Ich habe die Erfahrung gemacht, sobald die Leute alt genug sind, es besser zu wissen, wissen sie überhaupt nichts. [Theaterstücke I, 32]

Die Jugend von heute ist einfach ungeheuerlich. Sie hat überhaupt keinen Respekt vor gefärbtem Haar.

[Theaterstücke I, 55]

Jugend! Nichts kommt der Jugend gleich. Die Leute mittleren Alters sind dem Leben verpfändet. Die Alten hausen in der Rumpelkammer des Lebens. Jugend aber ist der Herr und Gebieter des Lebens. Auf die Jugend wartet ein Königreich. Jeder wird als ein König geboren, und die meisten Leute sterben in der Verbannung wie die meisten Könige. [Theaterstücke I, 118]

Unschlüssigkeit jeder Art ist bei jungen Menschen ein Zeichen geistigen Verfalls, physischer Schwäche bei alten. [Theaterstücke I, 312]

Tatsächlich sollte keine Frau jemals peinlich genau mit ihrem Alter sein. Es sieht so berechnend aus ...

[Theaterstücke I, 317]

Du bist ganz entzückend, Ernest, aber deine Ansichten sind einfach falsch. Ich fürchte, du hast dem Gespräch von Leuten zugehört, die älter sind als du. Das hat immer seine Tücken, und wenn du das zur Gewohnheit werden läßt, wirst du entdecken, wie fatal es sich auf jede intellektuelle Entwicklung auswirkt. [Essays II, 78-79]

Aber die Vergangenheit ist ohne Bedeutung. Die Gegenwart ist ohne Gewicht. Mit der Zukunft allein haben wir uns auseinanderzusetzen. [Essays II, 245]

Die Zeiten leben in der Geschichte durch ihre Anachronismen. [Essays II, 255]

Die Alten glauben alles, die Menschen im mittleren Alter mißtrauen allem, die Jungen wissen alles. [Essays II, 255]

Muße ist die Vorbedingung der Vollkommenheit. Das Ziel der Vollkommenheit ist die Jugend. [Essays II, 255]

Arm und Reich

»Ich möchte etwas von Dir.« – »Vermutlich Geld«, entgegnete Lord Fermor und verzog das Gesicht. »Setz dich und erzähl die ganze Geschichte. Die jungen Leute von heute glauben, Geld sei alles.« »Ja«, murmelte Lord Henry und fingerte an der Blume in seinem Knopfloch, »und wenn sie älter werden, wissen sie es. Aber ich brauche kein Geld. Nur Leute, die ihre Rechnungen bezahlen, brauchen Geld, Onkel George, und ich bezahle meine nie.« [Dorian Gray, 43]

Kredit ist das Kapital der jüngeren Söhne, und davon lebt man wundervoll. [Dorian Gray, 43]

Heutzutage kennen die Leute von allem den Preis und von nichts den Wert. [Dorian Gray, 58]

Eine Sensation kann man nie zu teuer bezahlen. [Dorian Gray, 69]

Schleicht die Armut zur Tür herein, fliegt die Liebe zum Fenster hinaus. [Dorian Gray, 80]

Schöne Sünden sind wie alle schönen Dinge das Privileg der Reichen. [Dorian Gray, 91]

In seinen Geschäften mit Menschen machte das Schicksal nie einen Strich unter die Rechnung. [Dorian Gray, 207]

Ich will mich jedenfalls hüten, jemals wieder etwas herzuschenken. Man hat unter seiner Großmut immer zu leiden. [Märchen und Erzählungen, 42]

Manchen ist viel gegeben und anderen wenig. Die Ungerechtigkeit hat die Welt aufgeteilt, und nichts als die Sorge ist uns in gleichem Maße beschieden.

[Märchen und Erzählungen, 133]

Wenn man nicht wohlhabend ist, nützt es einem nichts, ein reizender Kerl zu sein. Romantik ist das Vorrecht des Reichen, nicht das Geschäft des Stellungslosen. Der Arme sollte praktisch und prosaisch sein. Es ist besser, ein ständiges Einkommen zu haben, als bestrickend zu sein. [Märchen und Erzählungen, 228]

Ach, heutzutage sind wir alle so knapp bei Kasse, daß Komplimente die einzig erfreulichen Ausgaben sind. Es sind die einzigen Ausgaben, die wir uns leisten können.

[Theaterstücke I, 12]

Man muß heutzutage eine Beschäftigung haben. Hätte ich nicht meine Schulden, dann hätte ich nichts, worüber ich nachdenken könnte. [Theaterstücke I, 90-91]

Vertrauliche Informationen sind heutzutage tatsächlich der Ursprung eines jeden großen Vermögens.

[Theaterstücke I, 186]

Was dieses Jahrhundert anbetet, ist Reichtum. Der Gott dieses Jahrhunderts ist der Reichtum. Um Erfolg zu haben, muß man Reichtum besitzen. Reichtum um jeden Preis. [Theaterstücke I, 186]

Teils wegen der Steuern, mit denen man zu Lebzeiten rechnen muß, teils wegen der Steuern, die einem nach dem Tod abgepreßt werden, haben Grundstücke aufgehört, ein Gewinn oder ein Vergnügen zu sein. Sie geben einem eine Position und hindern einen, sie aufrechtzuerhalten. Weiter ist über Grundstücke nichts zu sagen.

[Theaterstücke I, 273]

Es ist sehr vulgär, über seine eigene Angelegenheit zu reden. Nur Leute wie Effektenmakler tun das, und außerdem nur bei Dinnergesellschaften. [Theaterstücke I, 308]

Ein ehrlicher Mann sollte die Möglichkeit haben, hin und wieder durch Spitzbuben seinen Lebensunterhalt zu verdienen. [Theaterstücke II, 50]

Großhandel ist immer respektabler gewesen als Einzelhandel. [Theaterstücke II, 98]

Das Eigentum ist in der Tat etwas überaus Lästiges. Vor einigen Jahren gab es Leute, die überall im Lande verkündeten, daß das Eigentum Verpflichtungen mit sich brächte. Sie haben es so häufig und mit solcher Hartnäckigkeit behauptet, daß zu guter Letzt die Kirche anfing, es nachzusagen. Man kann es jetzt von jeder Kanzel hören. Es ist absolut wahr. Eigentum erzeugt nicht nur Pflichten, sondern erzeugt so viele Pflichten, daß jeder große Besitz nichts als Verdruß mit sich bringt. Unaufhörlich werden Ansprüche an einen gestellt, man muß sich pausenlos um Geschäfte kümmern und kommt niemals zur Ruhe. Wenn das Eigentum nur Freude brächte, so könnten wir es noch hinnehmen, aber seine Verpflichtungen machen es unerträglich. Im Interesse der Reichen müssen wir es abschaffen. [Essays II, 214]

Manchmal lobt man die Armen für ihre Sparsamkeit. Aber den Armen Sparsamkeit zu empfehlen, ist grotesk und beleidigend zugleich. Es ist, als gäbe man einem Verhungernden den Rat, weniger zu essen. [Essays II, 215]

Es gibt nur eine Gesellschaftsklasse, die mehr an das Geld denkt als die Reichen, und das sind die Armen.
[Essays II, 222]

Wenn die Armen nur Profil hätten, gäbe es keine Schwierigkeiten, das Problem der Armut zu lösen. [Essays II, 253]

Nur wenn man seine Rechnung nicht begleicht, kann man hoffen, im Gedächtnis der Geschäftswelt weiterzuleben. [Essays II, 254]

Zeit ist Geldverschwendung. [Essays II, 254]

Nachwort

Einem, dem von seiner Mitwelt so boshaft mitgespielt worden ist wie Oscar Wilde, ein Brevier für Boshafte zu widmen, ist so geschmacklos, daß es Oscar Wilde gefallen haben könnte.

Was wahre Bosheit ist, läßt sich an wenigen Autorenbiographien so exemplarisch studieren wie an der von Oscar Fingal O'Flaherty Wilde. »Es hat eigentlich keinen Zweck, daß ich das Wort an Sie richte. In Menschen, die dergleichen tun, muß alles Schamgefühl erstorben sein, und man darf nicht hoffen, sie in irgendeiner Weise beeinflussen zu können«, erklärt der Richter Sir Alfred Wills am 25. Mai 1895 im Londoner Old Bailey, als er den damals gerade mal vierzigjährigen Wilde zu zwei Jahren Zwangsarbeit verurteilt. In einer fatalen Überschätzung seines Einflusses hatte Wilde den Marquess of Queensberry, Vater seines Geliebten Lord Alfred »Bosie« Douglas, auf Verleumdung verklagt, nachdem dieser in Wildes Club am 18. Februar die berühmte Visitenkarte hinterlassen hatte mit dem handschriftlichen Vermerk: »For Oscar Wilde, posing as somdomite«.

Daß Wilde von einem Menschen zu Fall gebracht wird, der zwar Regeln für den Boxkampf aufstellen, aber noch nicht einmal »Sodomit« richtig schreiben kann, sorgt seit über hundert Jahren für Gelächter. Wilde selbst hätte dieses kleinbürgerliche Beharren auf makelloser Orthographie als Ausweis für ein makelloses Seelenleben wohl eher verachtet. Aussagekräftiger im Kontext der Boshaftigkeit ist ein Brief, den Wildes Biograph Richard Ellman in seiner recht geistlosen Lebensbeschreibung des geistreichsten Menschen des 19. Jahrhunderts in einer Fußnote am Schluß des 18. Kapitels verbirgt: ein Brief, den der Marquess am 24. April 1895 an die Herausgeber der Tageszeitung »Star« richtet, nachdem ein in der Zeitung abgedruckter Leserbrief ihm unterstellt hatte, Mitgefühl gegen den Angeklagten zu empfinden: »Sir, – ich muß mich gegen das mir in den Mund gelegte Wort ›Mitgefühl‹ entschieden verwahren. Ich habe es nie verwendet. Zu meiner Zeit habe ich geholfen, Haifische zur Strecke zu bringen und zu zerlegen. Ich empfand kein Mitgefühl für diese Tiere; vielleicht taten sie mir leid; jedenfalls wollte ich ihnen so wenig Qualen wie möglich bereiten. Tatsächlich habe ich gesagt, daß mir Mr. Wilde, nun er am Boden zu liegen und völlig erledigt zu sein scheint, um seiner schrecklichen Situation willen leid tut; wenn es an mir wäre, ihm die Strafe zuzumessen, würde ich ihn – sollten sich die gegen ihn erhobenen furchtbaren Beschuldigungen als wahr erweisen – nach reiflichster Überlegung als einen vollkommen unzurechnungsfähigen sexuell Pervertierten behandeln und nicht als einen geistig gesunden Kriminellen. Wenn das ›Mitgefühl‹ ist, nun, so soll es Mr. Wilde von mir haben – in dem genannten Umfang.«

In diesem Brief steckt mehr an Niedertracht als in allen hier versammelten Belegen des Boshaften aus Oscar Wildes Werk. Nur: Die Boshaftigkeit des Marquess of Queensberry bleibt neben der von Wilde seltsam stumpf und glanzlos. Woher rührt diese maliziöse Mattheit? Ihr steht keine ihr angemessene Sprache zur Verfügung. Sie vermag zwar Wilde zu einem Tier zu degradieren, indem sie ihn mit einem Hai gleichsetzt, sie kann einen gewöhnlichen Kriminellen positiv von ihm abheben, aber – die Wette gilt – Sie werden den Dreck, mit dem der Marquess of Queensberry Oscar Wilde bewirft, schon in fünf Minuten vergessen haben, nachdem Sie dieses Bändchen zugeklappt haben.

Anders die Sprengsätze, mit denen Oscar Wilde sämtliche Glaubensgewißheiten der Viktorianischen Gesellschaft buchstäblich in die Luft jagt. Seine Aktualität liegt nicht in seinem doppelten Außenseitertum als Ire und Homosexueller in der englischen Gesellschaft; seine Brisanz resultiert aus seinem unbedingten Willen, die Kunst über das Leben zu stellen. In diesem Sinne ist Wilde auch heute noch ein »Hütchenspieler« (Gerhard Stadelmeier), der die Verhältnisse zum Tanzen bringt. Wer ihm folgt, ist für alle Zeiten für die Reden von Bundespräsidenten verloren oder vermag sie jedenfalls nur mit wundgebissenen Innenbacken zu überstehen.

Wie macht Oscar Wilde das? Der große Alfred Polgar hat einmal Oscar Wildes Stil untersucht und eine »Herstellungsmethode« destilliert, zu der er unter anderem »den den Vordersatz aufhebenden Nachsatz; das verkehrte Sprichwort; den Tausch von Schluß und Prämisse; die Pyramide mit der Spitze unten und der Basis oben; die Behandlung einer moralischen Frage als ästhetische; das Einmaleins als Geschmackssache; die Umdrehung platten Sinns zu apartem Unsinn« zählt. Das ist alles richtig. Wir aber glauben, Oscar Wilde, dem Apologeten der Lüge, stand eine noch viel schärfere Waffe zu Gebot. Die Wahrheit.

C. S. & D. S.

Quellenverzeichnis

Oscar Wilde, Sämtliche Werke in sieben Bänden. Herausgegeben von Norbert Kohl. Insel Verlag Frankfurt am Main 1982.

Band 1: Das Bildnis des Dorian Gray. Aus dem Englischen von Christine Hoeppener.

Band 2: Märchen und Erzählungen. Aus dem Englischen von Franz Blei und Christine Hoeppener. Darin enthalten: Der glückliche Prinz und andere Märchen (9-56); Ein Granatapfelhaus (57-148); Lord Arthur Saviles Verbrechen und andere Geschichten (149-234); Gedichte in Prosa (235-246).

Band 3: Theaterstücke I. Aus dem Englischen von Christine Hoeppener. Darin enthalten: Lady Windermeres Fächer (9-76); Eine Frau ohne Bedeutung (77-152); Ein idealer Gatte (153-254); Bunbury oder die Bedeutung, ernst zu sein (255-325).

Band 4: Theaterstücke II. Aus dem Englischen von Christine Hoeppener. Darin enthalten: Salome (9-44); Vera oder Die Nihilisten (45-108); Die Herzogin von Padua (109-198); Eine florentinische Tragödie (199-216); Die fromme Kurtisane oder Das von Juwelen funkelnde Weib (217-226).

Band 5: Gedichte. Aus dem Englischen von Gisela Etzel, Otto Hauser, Norbert Kohl und Elfriede Mund. Darin enthalten: Ravenna (11-28); Gedichte aus der Sammlung von 1881 (29-174); Gedichte, die außerhalb der Sammlung von 1881 erschienen sind (175-232).

Band 6: Essays I. Aus dem Englischen von Friedrich Polakovics, Franz Blei, Emanuela Mattl-Löwenkreuz und Max Meyerfeld. Darin enthalten: Am Grabe von Keats (9-11); Die Anfänge der historischen Kritik (12-39); Die englische Renaissance (40-72); Die dekorativen Künste (73-94); Das schöne Heim (95-118); Geleitwort zu *Rose Leaf and Apple Leaf* (119-128); Amerikanische Impressionen (129-135); Vortrag vor Kunststudenten (136-144); Mr. Whistlers Abendvortrag (145-148); Die Relation zwischen Kleidung und Kunst (149-152); Die amerikanische Invasion (153-157); Der amerikanische Mann (158-163); Englische Dichterinnen (164-173); Londoner Malermodelle (174-182).

Band 7: Essays II. Aus dem Englischen von Christine Hoeppener, Norbert Kohl, Christine Koschel, Hedda Soellner und Inge von Weidenbaum. Darin enthalten: Der Verfall der Lüge (9-44); Feder, Pinsel und Gift (45-68); Der Kritiker als Künstler (69-148); Die Wahrheit der Masken (149-176); Das Bildnis des Mr. W. H. (177-210); Die Seele des Menschen unter dem Sozialismus (211-252); Sätze und Lehren zum Gebrauch für die Jugend (253-255); Maximen zur Belehrung der Über-Gebildeten (256-257).

Merlin Holland, Oscar Wilde im Kreuzverhör. Die erste vollständige Niederschrift des Queensberry-Prozesses. Aus dem Englischen von Henning Thies, Karl Blessing Verlag München 2003.

NF 636/1/02.25

Zart und feinfühlig

Oscar Wildes Märchen gehören zu den schönsten der Weltliteratur. Wer kennt nicht die Geschichte vom *Glücklichen Prinzen*, der goldenen Statue mit dem empfindsamen Herzen aus Blei? Oder vom *Eigensüchtigen Riesen*, in dessen Garten immer Winter herrscht – bis er den Kindern Zutritt gewährt? Oder die Geschichte von der Nachtigall, die für einen verliebten jungen Mann eine Rose mit ihrem Herzblut erblühen lässt?
Dieser Band versammelt sämtliche Märchen und Erzählungen Oscar Wildes: *Der glückliche Prinz*, *Die Nachtigall und die Rose*, *Der eigensüchtige Riese*, *Der Geburtstag der Infantin*, *Das Sternenkind*, *Der Fischer und seine Seele*, *Das Gespenst von Canterville* und viele andere.

Oscar Wilde, Der glückliche Prinz. *S*ämtliche Märchen und Erzählungen. Aus dem Englischen von Franz Blei und Christine Hoeppener. insel taschenbuch 5116. 279 Seiten. Auch als eBook erhältlich

NF 649/1/03.25

Das schillernde Leben des Oscar Wilde

Zwei junge Männer schreiten die Freitreppe des Londoner St James's Theaters hinab. Applaus brandet auf: Er gilt Oscar Wilde, der auf dem Weg ist, der erfolgreichste Autor Großbritanniens zu werden – seine Theaterstücke werden gefeiert; sein Roman *Das Bildnis des Dorian Gray* ist ein verruchter Bestseller. Er wird verehrt, doch auch kritisch beäugt. Denn den klatschsüchtigen Londonern entgeht nicht, dass der verheiratete Familienvater enge Beziehungen zu jungen Männern pflegt.
An diesem Abend begleitet ihn »Bosie«, Lord Alfred Douglas, der Sohn des Marquess of Queensberry. Ihr Glück wird bald ein Ende finden: Homosexuelle Liebesbeziehungen sind im viktorianischen England verboten, und als Bosies Vater Oscar Wilde öffentlich der Sodomie bezichtigt, ist die Katastrophe nicht mehr aufzuhalten …
Eine packende Romanbiografie über das schillernde und tragische Leben des großartigen Schriftstellers und Dandys Oscar Wilde.

Stephen Alexander, Das Bildnis des Oscar Wilde. Romanbiografie. 280 Seiten. Auch als eBook erhältlich

NF 638/1/02.25

»Wenn du nichts Schlechtes über einen anderen zu sagen weißt, sage lieber überhaupt nichts.«

Lange galten ihre Bücher als liebenswürdig und unaufgeregt, aber Jane Austen war kein zahmes Huhn, das in seinem literarischen Vorgärtchen pickte, sondern das eleganteste satirische Talent des 18. Jahrhunderts. Sie wetzte ihren Schnabel an den Mitmenschen, schrieb schon als kleines Mädchen grobe Parodien und war später als der »Schürhaken« gefürchtet, der im Hintergrund das törichte Geschwätz der anderen belauschte.
Elsemarie Maletzke hat die herrlichsten Bosheiten aus Jane Austens Briefen und Werken ausgewählt und in diesem Band zusammengestellt.

Jane Austen, Jane Austen für Boshafte. Ausgewählt von Elsemarie Maletzke. insel taschenbuch 5110. 129 Seiten. Auch als eBook erhältlich

NF 650/1/03.25